日本と韓国の地域ファミリー企業の
マネジメント比較

創業から成長、第二の創業まで

金 泰旭

HAKUEISHA

筆者はここ数年、地域企業や地域イノベーションを研究テーマとしてリサーチを続けてきた。本書では、地域企業の中でも特に地域の伝統産業の担い手である「老舗企業」にフォーカスを当てて分析することとした。それらの企業群の業種は菓子製造、日本酒製造など多岐に渡るが、地域において長年顧客から支持され、地域とともに発展してきたという共通点がある。

　しかし、これまで地域の伝統産業の担い手となってきた「老舗企業」の置かれている環境は極めて厳しいと言わざるを得ない。業界の需要縮小傾向に歯止めがかかっていないのである。老舗企業各社は、この状況を打破するため様々な企業努力が求められている。

　他方、筆者の置かれた環境に目を転じてみると、大学は従来の学問を修める「象牙の塔」から「社会に貢献する知性の集団」へとその役割が変化してきた。筆者が教員になってから一貫して重視してきた教育方針は一言で言うならば「実事求是」である。中国の原典には「修学好古実事求是」と記録されている。「学問を修めるにあたり、古いものを大事にしながら事実に立脚する」という意味である[1]。現実離れした学問に警鐘を鳴らすときによく使われることばである。筆者が専門として教えている経営学は教員によって様々な教え方が存在するだろうが、経営学は特に「経営の現場」と「理論」とが密接に関係した学問分野であることから、現場を意識した学習機会を学生に提供するように努めている。

　具体的には、基本となる理論を学んだ後、身近な地域の企業を訪問したり、韓国や中国に渡った際は現地企業に出向いたりするなど、経営の現場に触れる教育スタイルにこ

だわってきた。本研究は上述した筆者の長年の教育方針である「理論と実践の融合」を企業、行政、大学の協力を得ながら実現してきた教育のひとつの記録であると言えよう。

　ところで、大学と地域企業、行政のタイアップを「産学官連携」と呼んでいるが、筆者は無理をしてまですべてのプレイヤーが出揃って１つの事業を推進する必要はないとも考えている。必要なときに、必要な利害関係者が集まり、地域の活性化という同じ目標に向かって実直に努力をし続けることが重要である。大学に地域への社会貢献が求められるようになったから、行政の方針が変わったから、企業内でこれ以上斬新なアイデアが生まれてこないからなどといった消極的な姿勢や理由で「産学官連携」に取り組むようなら、そもそも着手しない方が賢明かもしれない。

　激変する経営環境の変化に能動的に対応する企業が生き残るように、大学や行政も積極的に経営環境の変化に対処しなければならない。本研究が現実に安住せず、多様な新事業に挑戦する大学の研究者や学生に新鮮な刺激を与えることを期待している。

　企業家とビジネスモデル、経営資源、ファミリー企業、組織学習、ネットワークに焦点を当てた本書のフレームワークは、今回焦点を当てた地域のファミリー企業以外にも広く応用できるものと確信している。今後はより幅広い地域、業種の地域のファミリー企業を研究しながら、欧米の企業や地域にも研究の対象を拡張して行きたいと考えている。

　また、本書は 地域企業のリノベーション戦略─老舗ファミリー企業におけるビジネスモデルの進化 （2015、博英社（韓国））の内容を大幅に修正して出版したものである。理

論的背景は踏襲しているが、分析対象の変更と追加調査などを行った全く別個の研究書である。特に上巻と下巻に分けてその分析対象を韓国の企業まで広げ全く異なる視点からの研究を試みているところに注目してほしい。

　本研究は数多くの方々のご支援によりこのような形でまとめることができた。ここに記して感謝申し上げたい。金井一賴先生（青森大学学長）は筆者の恩師で北海道大学大学院生時代から筆者をいつも温かく指導してくださっている。先生の中小企業論や地域企業論に関する幅広い知識と従来の先行研究の限界を乗り越える可能性を多く内包している卓越した知見にいつも感服している。いつも建設的なアドバイスをしてくださる先生に心から感謝申し上げたい。

　小樽商科大学の内田純一先生には、先行研究のレビューやフレームワークの構築にあたり、行き詰る筆者に多くの建設的アドバイスを与えていただいた。ここに記して感謝申し上げたい。

　また、株式会社やまだ屋、旭酒造株式会社の関係者の皆様には、本研究をするにあたり、幾度にも渡る対面やメール、電話でのインタビューに快く応じていただいた。これらの方々の協力なしには到底成し遂げられない研究であった。感謝申し上げたい。

　なお、本研究の着想段階から最後の甲とめの段階まで首尾一貫して支え、筆者とともに本書の刊行に尽力してくれた近畿大学商学研究科博士後期課程の韓尚眞君に感謝申し上げたい。学部生の頃から博士後期課程に至るまで長年私をサポートしてくれた。今回も先行研究の理論と分析フレームワークを理解した上で、企業の経営現場に同行し経営者に

何度もインタビューをし、書籍としてまとめていく作業は
並大抵の仕事ではなかった。根気強く最後まで筆者を補佐
してくれた韓君に感謝申し上げたい。

　また、本書の出版にあたり、お忙しい中、時間をかけて
本のイラストを描いて頂いたヌルボム病院のムンジュン院
長と快く出版を引き受けてくださった博英社の安サンジュ
ン社長と中嶋啓太法人長に深く感謝申し上げたい。そして
本研究の成功を祈り終始筆者の研究生活を献身的にサポー
トしながら見守ってくれた家族に感謝を申し上げ、筆者の
挨拶とさせていただきたい。

Endnotes

1　2005年5月9日の中国新聞（夕刊）に掲載された筆者の記事よ
　　り引用。

目次

第1章　先行研究のレビュー

第2章　**本研究における分析**

第3章　事例分析

序章

1　地域企業の現状と課題

　日本は中小企業が多く存在する国である。日本の総企業数の 99.7% は中小企業で、総従業員数は全体の約 7 割を占めている[1]。また、大・中小企業別の出荷額構成比を見てみると、中小企業の占める割合は約 4 割を占めている[2]。しかし、日本の中小企業を取り巻く環境は依然として厳しい。内閣府の調査によれば、日本経済は東日本大震災の落ち込みから早い立ち直りを見せているものの、円高や世界経済の減速等の影響により、次第に回復の動きが緩やかになっており、また、世界的にコロナが流行り、令和 2 年度第 1 四半期の実質 GDP 成長率で見るとマイナス 4.6% とマイナス成長を見せている。このような国全体の景気停滞は中小企業の業績にも大きく影響を与えている。中小企業基本実態調査によると、中小企業の売上は平成 30 年度に比べて減少しており、平成 30 年度には 1 企業当たり 1 億 7,997 万円であった売上高が、令和 1 年度の調査では 1 億 7,625 万円まで減少しているという。中小企業庁の調査によれば、中小企業の技術競争力の位置付けを 5 年前と比較してみると、8 割強の企業で「技術競争力が高まっている」、あるいは「従来の水準を維持している」と回答している一方、2 割弱

の企業で、「技術競争力が低下している」と回答している。その理由としては、技術・技能継承がうまくいっていない（69.6%）、海外企業等の技術向上（16.2%）、技術流出により同一技術を他社が保有（13.0%）、機械化・IT化による技術の一般化（12.2%）などが挙げられている[3]。つまり、全ての中小企業がそうでないにせよ、グローバル化による競争の激化や他社技術との類似化もしくは差別化が十分にできていない現状にあることは確かだろう。長期的にみても、少子高齢化によってこれまで中小企業が主要なマーケットとしてきた国内市場の需要が先細りする見込みである。中小企業は今後既存の技術・市場に依存することなく、革新的な事業を行い、競争優位性を持続させ新たな市場の開拓に努めていく必要があるだろう。本書で我々が取り上げるのは、そのような革新性を持ち、地域資源を活用して事業のイノベーションに取り組んでいる「地域企業」である。

　地域企業とは、「特定の〈地域〉に本社機能を置く企業」である（内田・金、2008）[4]。ここで言う「地域」とは、東京や大阪などの大都市圏以外を意味し、「地域企業」とは大都市圏を除いた地域を中心として事業を展開する企業を指す。わが国において、首都圏と言えば大企業、地方と言えば中小企業という構造が暗黙的に成り立っているが、本書においてもそのような中小規模で特定の地域に本社機能を置き、事業を展開する企業を「地域企業」と呼んでいる。

　実はそのような特定の地域に本社機能を置き、事業を展開する中小企業の多くがファミリー企業である。PwC Japan の調査[5]によると、日本は創業者一族が経営に関わるファミリー企業が国内企業総数の9割以上を占め、業歴

100 年以上のファミリー企業が数万社も存在する「ファミリービジネス大国」であるという。日本の大企業が総企業数のうちの1パーセント未満しか存在しないことを考えても、いかに多くの中小企業がファミリー企業の形態であるかが分かるであろう。ところで、本書において「ファミリー企業」は地域企業に内包される概念と捉えている。なぜなら、ファミリー企業の多くが地域特有のニーズや資源に経営資源を集中的に投入し、地域のネットワークを活用して事業展開をする、という地域企業的な戦略的特徴を有しているためである。それを踏まえて、ここからは中小企業に対する政策に着目しながら、地域企業を取り巻く現状と課題について検討していくことにしよう。

　GHQ の統治下にあった戦後初期の中小企業政策では、アメリカの中小企業政策の考え方が強く反映されていた。すなわち、中小企業を「大企業に対する挑戦者」として位置付け、企業政策は独占禁止法による市場競争の原理を補完する形で行われたのである（安田、2010）。そのために、1948 年に設立された「中小企業庁」を中心として、中小企業を健全で独立した企業へと育成し、経済力が集中しないことを目標に据え、主に金融に関わる法制度の整備や中小企業に対する指導・助言が行われた。

　その後、高度経済成長期に入って、日本の中小企業政策の原点ともいえる「旧中小企業基本法」（1963 年）が制定された。この時期になると、大企業と中小企業の間の生産性、企業所得、労働賃金の「格差」が大きな社会問題として注目されるようになった。このころの中小企業は、首都圏の近代化された大企業、地方部の前近代的な中小企業という

「二重構造」の中で語られていた。そのため、中小企業政策では大企業の「下請け」としての中小企業をいかに保護・支援するのかという視点に立った制度設計がされていた。

　ところが、中小企業基本法が改正される1999年までの36年の間に中小企業のイメージは大きく変化していた。これまで「社会的弱者」という画一的な見方をされていた中小企業が、前近代的な中小企業という従来のイメージから脱却し、革新性を持った事業を行う日本経済の基盤・ダイナミズムの源泉として認識されるようになったのである。

　1999年に改正された「新中小企業基本法」では、旧中小企業基本法がこれまで担ってきた中小企業の問題に継続的に対処しながらも、「経営革新・創業の促進」、「経営基盤の強化（経営資源の充実）」と革新に取り組む企業のための「セーフティーネットの整備」といった新たな政策の軸が導入された。組織内部の経営資源能力の充実や革新性の観点が導入されたことは、中小企業政策の大きな変化であったと言えるであろう。

　近年になって中小企業と地域の関係性が見直され、中小企業が地域活性化の主体として注目され始めている。2007年に制定された「中小企業地域資源活用促進法」では、地域の強みとなりうる農林水産物や鉱工業品、生産技術、観光資源といった地域資源を活用した新商品・新サービスの開発・生産等を行い、需要の開拓を行うことを目的として事業主に対して補助金や融資制度、課税の特例など総合的に支援を行っている。この制度によって初めて中小企業の差別化要因として地域特有の資源を活用するという視点が導入され、各地方で地元の地域資源の活用を促進さ

せている[6]。

　また、最近になってファミリー企業も注目を集めるようになってきている。経済不況で日本全体が軒並み業績不振に陥るなか、実質的には地域企業であるファミリービジネスが「地域に根付き世代を超えて地域とともに歩み、経済、雇用、文化など多方面にわたって地域に貢献しており、地域活性化の取組みにおいて、地域関係者の調整役及びリーダーとしての役割を担っている」ことが認知されるようになったのである[7]。

　しかし、ファミリー企業の長所は短所と表裏一体である。ファミリー企業は、家族が独占的な経営権を持っていることで長期的な視点から事業を展開できるという長所がある。その反面、所有と経営に家族の利害が関わってくるため、意思決定が保守的になりがちで時代の変化に対応できず遅れをとる恐れがある。地域との太いネットワークを持っていることは、地域からの信頼を得やすく事業展開もスムーズに行いやすい半面、ネットワークを再編成しなければならない際にはかえって足かせとなる可能性がある。また、ファミリー企業は事業継承問題という特有の問題を抱えている[8]。中小企業の多くがファミリー企業となる要因としてまず挙げられるのは、経営者を中心とした少数の同族関係者が自社株式の大半を保有していることである。会社の所有と経営が一致しているため、家族外の後継者に代表取締役社長の地位を譲っただけでは完全な事業継承にはならず、同時に会社の経営権、すなわち自社株式も譲る必要がある。そのため、外部の人間に継承させることが難しく、家族内で継承する傾向にある。次に資金

調達において、経営者個人保証や個人資産の担保で借入金を得る割合が高いため、次期後継者の負担するリスクが高く後継者探しが困難になっていることも要因である。

　最後に、家業と企業が密接に関わっていることが要因として挙げられる。資産の引き継ぎ・切り分けが問題となることが多く、親族外への継承が困難となるのである。このような現状であるため、たとえ経営者が家族内での事業継承を望まなくてもそうならざるを得ず、それが困難な場合は企業にとって大きな経営課題として降りかかってくることになる。このように、ファミリー企業に関する政策は中小企業政策の「事業継承問題」の中では語られてきたものの、長期的な視点から事業が行える、地域とのネットワークが強いといった長所を積極的に支援・活用しようとする政策はまだ不足しているのが現状である。以上のようなことをまとめると、「地域企業」という概念も「ファミリー企業」という概念も中小企業という概念に埋もれがちな存在であり、近年になってようやく注目され始めた概念であると言えるだろう。

2　本書の構成

　本研究の構成は、上巻「日本の事例」と下巻「韓国の事例」で構成されており、上巻は以下の通りである。第1章では、本研究における分析項目の選定理由とその流れについて説明する。地域企業、ファミリー企業、イノベーション、企業家研究、組織学習といった幅広い先行研究のレビューを

行う理由とその統合可能性について記述している。続く先行研究のレビューでは、地域企業とイノベーション、ファミリービジネスにおける企業家活動、地域企業のビジネスモデル（システム）と戦略的資源、地域企業における組織学習の4分野に分類して先行研究を行い、その後に総括した。

　これらの分野はいずれも従来の地域企業の経営を論じる際にその必要性は認識されていたものの、俯瞰的かつ統合的には論じられることが少なかった。

　第2章では、第1章における先行研究のレビューを踏まえて、当該産業の現状と課題をより的確に分析するための分析枠組みを提示するとともにその構成要素について記述する。

　第3章では、本研究において取り上げる事例を分析枠組みに沿って分析する。広島県廿日市市の宮島に拠点を置く菓子製造会社のやまだ屋、山口県岩国市において日本酒造りを営んでいる旭酒造株式会社を取り上げる。

1　総務省（2019）。

2　経済産業省（2018）。

3　中小企業庁（2020）。

4　内田・金（2008）p. 20。

5　PwC Japan HPより。

6　広島においては、農林水産物、鉱工業品及び鉱工業品の生産
に係る技術、文化財、自然の風景地、温泉その他の地域の観
光資源など合わせて200種類の地域資源が登録されている。

7　経済産業省（2011）p. 1。

8　岡田悟（2007）。

第1章

先行研究のレビュー

第1章　先行研究のレビュー

1　本研究における分析項目の選定理由とその流れ

　本研究において取り扱う企業は地域企業である。内田・金（2008）[1] によると、地域企業は「特定の〈地域〉に本社機能をおく企業」であるとしているが、一般的には地方部の企業であり、中小規模の企業である会社を指す場合が多い。本研究では、その業種こそ異なるものの、中国地方の老舗企業や地域資源を積極的に活用して事業展開をしている企業を研究対象とする。周知のごとく、ほとんどの老舗企業や地域の中小企業はファミリー企業である。ファミリー企業の歴史は実に長く、多くの人々が知っている多数の有名企業もその定義に当てはまっているが、われわれはその事実に気づいていない。トヨタもフォードもキッコーマンもYKK もすべてファミリー企業である。

　しかし、本研究で事例として取り扱う企業はファミリー企業の中でも比較的小規模で地域に位置している企業が多い。ファミリー企業は事業活動において俊敏性かつ組織力があるという長所がある反面、後継者問題や、外部の意見や資源を積極的に取り入れるきっかけとなるネットワークの構築の面で課題が残されている。

図1-1 ファミリー企業と企業家

出典：Illustration by Joon Moon M. D.

　また、地域企業においてはイノベーションを先導する企業家の役割が非常に重要である。大企業とは違い、中小企業におけるイノベーションは企業家自身によって実現される場合が多い。本研究においてはファミリー企業や地域企業の特徴を述べた上で、その地域の中小企業を牽引している企業家とファミリー企業や地域企業との関連性についてレビューを行う。

　なお、本研究においては地域企業をアウトサイドインアプローチとインサイドアウトアプローチから考察する意味で、地域企業やRBV（資源・ベース論）の観点より整理し、企業の内部能力の蓄積が事業戦略やビジネスモデルの策定に及ぼす影響について論じた上で、ファミリー企業や地域企業を取り巻く経営環境と企業のマネジメントの相互作用についても言及する。John Child（1972）[2] がすでに主張し

たように組織はそれを取り巻く経営環境に対して受動的に反応するものであると同時に、積極的にその経営環境に影響を及ぼす存在でもあるからである。

　一方、本研究では企業の長期存続の源泉となる組織内部の議論として、組織学習について言及した上で、組織学習における失敗のマネジメントこそ企業成長の原動力やイノベーションの源泉につながる可能性があるため、それに関連するレビューを行っていく。

2　地域企業とイノベーション

1)　地域企業とイノベーション

　イノベーションについて考えるにあたって、まずイノベーションとは何であるかについて検討を行っていきたい。Drucker（1985）[3] は、イノベーションとは現有の資源に対し新たな能力を付与するものであり、資源を真に価値のある資源へと変えるものであると述べている。またその際には、自然に存在するものを経済的な価値を付けるために有用なものに転換することも大事な要素であると述べている。

　近年、需要の先細りによって衰退を余儀なくされている地域企業の再活性化を図る上で、このイノベーションを考える重要性はますます高まっているものと思われる。ただ、一口にイノベーションと言っても、会社の規模の大小によって大きく形が異なってくるものであると考えられる。

本研究で取り上げる対象は地域企業であるため、以下の大滝・金井（2006）[4]の地域企業の戦略的特徴を念頭に置いた上で、地域企業におけるイノベーションに必要な　要素についての話へと進めていきたい。

　まず「地域独特のニーズの発見」は、地域に眠っている顧客のニーズを発掘し、それに応えるために柔軟に対応することが必要だという考え方である。次に「地域資源の活用」とは、その地域特有の資源を活かして他地域との競争優位につなげていこうという考え方である。

　最後に「ネットワーク創造による戦略的提携」は、資源的に困難を抱える地域企業は資源的制約を克服することや、事業のスピードアップのために地域の他企業、大学等の研究機関、地方政府と戦略的提携を結び、協力し合っていくことが大事だという考え方である。これら3つの要素すべては、地域と深いつながりを持っている地域企業だからこそできることであって、活動範囲を広げるために1つの地域に留まることなく、全国に事業を展開する大企業にはできないことである。

　ここからは、このような地域企業の戦略的特徴を活かして、イノベーションを図っていくために必要な要素について論じていきたい。その際に軸となるのは、①「企業のイノベーションの主体となる企業家の革新的意識」と、②「イノベーションを行っていく上で必要不可欠な失敗から学ぶ企業文化」である。以下でそれぞれの要素について検討していきたい。

　イノベーションにおいて革新的なアイデアは必要不可欠であり、そのようなアイデアが出てくることによって企業に活気が生まれる。企業家は自分自身が革新的なアイデアを出すことも大事であるが、社員にもアイデアを要求し、その革新的なアイデアが実現可能かどうか、また、収益性が見込めるかどうかの的確な判断を下さなければならない。そのためには従業員との距離を近く保ち、積極的にコミュニケーションを図り、社内で話し合いが活発に行われるようにするべきである。この点において地域企業は大企業に比べて優位性を持っていると考えられる。なぜならば、従業員数の少ない地域企業では経営陣と現場スタッフの地理的、心理的距離が近く、また一人一人が担うべき責任も大きくなるからである。しかし、これは地域企業の強みであるとともに、一つ間違えれば弱みともなりうる部分である。社内の人間関係が近い、また密接であるということはそれぞれが集団に与える心理的な影響も大きいということであり、その意味において社内の雰囲気が社員のモチベーションにも大きな影響を与えると考えられる。その際に企業家が気を付けなければならないことは、社員の革新的なアイデアを保守的な判断で潰さないようにしなければならないということである。地域企業の中には、一族で代々事業を継承していく同族企業が多く存在する。下野（2009）[5]によると、そのような同族企業において企業家は先代の意思を尊重したイノベーションを行うこともあるが、自分を社長に選んだ先代や役員への配慮がいらないため、必要な時に

は抜本的なイノベーションを行いやすいという利点を持っている。そのような同族企業の強みを活かして、先祖代々一貫した「伝統」を守りながらもファミリーという一体感から従業員をまとめ上げ、代々関係が続いていて絆の深まった周囲の環境と協力しながら時代の変化に適したイノベーションを行っていくことこそ、地域において地域企業が長期に渡って存続していく上で重要であると言えるだろう。

　このようなことから、地域企業においてイノベーションを起こしていくためには、企業家がイノベーションに積極的に介入していくことが重要であると言える。そのような企業家のイノベーションに対する大きな役割が企業内でイノベーションが起こりやすくするような組織設計をすることである。このような視点から、次節ではイノベーションにおける失敗の重要性について検討を行っていきたい。

3)　失敗から学ぼうとする組織設計

　Christensen（1997）[6]によると、企業のイノベーションには2種類あり、それぞれ持続的技術を用いた「持続的イノベーション」と、破壊的技術を用いた「破壊的イノベーション」に分けられる。「持続的イノベーション」は、製品の性能を高めることが目的であり、既存の顧客に対して従来の製品よりも性能の優れた持続的技術を用いた製品を提供しようとするイノベーションである。この持続的イノベーションが、各業界の技術進歩のほとんどを担っており、企業が持続的イノベーションで失敗することはほとんどな

い[7]。つまり、持続的イノベーションは既存の顧客の満足を満たすために行われるイノベーションであって、企業が市場内で成長・存続していくためにも必要なイノベーションなのである。しかし、高度経済成長期の頃には成長期だった市場が時代の進歩につれて成熟化し、製品の売り上げにも限界が見えてくるようになった。このような時期においては、持続的イノベーションではなく、「破壊的イノベーション」を用いて新たな市場を開拓していく必要性がある。Christensen（1997）[8]によると、破壊的イノベーションとは既存の価値を破壊し、新規市場の新規顧客に新たな価値を提供するイノベーションである。つまり、従来の価値とは異なる価値基準をもたらすため既存製品よりも性能が下がってしまうが、既存市場から少し離れたところに価値を求める人の評価を得る性質を持っている。

　これら2つのイノベーションの性質から、持続的イノベーションに向けて市場を細かく分析し、それに応える改善を続けていくことは重要であるが、破壊的イノベーションが既存市場とは別の市場の顧客価値を創造するという性質を持っていることを考えると、既存市場の延長線上での分析だけでは不十分であることが分かる。したがって、破壊的イノベーションで失敗のリスクを減らすためには失敗を分析し、その分析から得た知識を使って学習を続けて、製商品改良に活かしていくことが重要なのである。Davila他（2006）[9]は失敗から成功要因が見えてくることが多いと述べ、失敗の価値が組織内でおろそかにされると、社員が失敗を恐れて実験に踏み出せないと述べている。ここでDavilaは「失敗の価値」という言葉を用いて失敗の重要性

について指摘している。失敗という言葉は一見聞こえが悪い。加えて、誰もが頭の中には「失敗」はいけないものだというイメージを抱えているので、それも手伝い余計に企業の中で「失敗はいけないもの」というイメージが定着しやすい。大企業と比較して事業規模の小さい地域企業にとって、一度の失敗が企業の将来を左右しかねない。そのため、大企業に比べてリスクに対して敏感になりがちである。しかし、停滞した企業活動を活性化するためにはイノベーションは必要不可欠である。したがって、企業家がリスクに対して慎重な検討を行いつつも、さらなる企業成長のためにも一定のリスクを許容し、失敗から学習していく組織設計を行っていく必要がある。

　地域企業が失敗から学習していく組織運営を行っていく上で重要な点としては次の2点が挙げられる。まず、第一に「地域」という特定のセグメントのニーズに応えようとすることである。新市場創造の際に重要な資料となる顧客からの意見を地域との深いつながりの中で獲得することによって、大企業が実施するアンケート調査よりもより直接的かつ信頼性のあるフィードバックが得やすいと考えられるのである。第二に、人的資源の少なさである。人数が少ないことで、企業家を中心とした権限構造の複雑な大企業に比べてスピーディーに顧客のニーズを全社的に共有することができ、それに対する対応策を検討することができるのである。

　以上で述べてきたように、地域企業は破壊的イノベーションを通じて、企業活動の活性化を図っていく必要があり、その際には地域企業の強みを活かして破壊的イノベー

ションのリスクを極力軽減し、失敗から学習していくような組織設計を行っていくことが重要なのである。

3 ファミリービジネスにおける企業家活動

1) ファミリー企業研究

　本節ではファミリー企業の歴史を経営史の視点から述べていく。詳しくは後述するが、日本におけるファミリー企業の研究はアメリカなどと比較して遅れている。日本は歴史の長いファミリー企業が世界一多い老舗大国である。それにもかかわらず日本におけるファミリー企業の研究は他国と比較した際に低調であると言え、系統的な調査があまり行われていないためにデータそのものさえも不足しているというのが現状である[10]。日本に目を向ける前に、アメリカにおけるファミリー企業の流れをみていきたい。

　18世紀から19世紀にかけて、イギリスで産業革命が起こり近代企業の原型がつくられた。1850年以前のアメリカ企業では専門経営者を必要とするほどの大規模なビジネスが極めて少なく、企業経営を担う2〜3名が会社を支配する同族的事業が一般的であった。つまりファミリー企業は、より専門的な経営を行うために「経営者企業」へと進化する上での過程の一つにすぎないと考えられていた。その後、ビジネスの主流は1900年代初頭にアメリカにおいて「大量生産・大量消費」のビッグビジネスへと移行していき、階

層組織が形成された。垂直統合や水平統合によって巨大化した組織を運営するビッグビジネスでは、専門経営者による効率的な経営が求められるようになり、ファミリービジネスはもはや遅れた企業形態であると認識されるようになってしまった。

　では、わが国におけるファミリー企業の歴史はどうであろうか。後藤（2005）[11] はわが国ではファミリービジネスの重要性が軽視され、ファミリー企業経営の偏差性やネポティズムといった負の側面が問題視されているのが現状であると指摘する。しかし、トヨタやキヤノン、武田薬品などといった日本でも有数の大企業もファミリー企業であることや、日本国内のファミリー企業比率は全体の95%、上場企業比率は3割を超えていると言われていることからも分かるように、日本経済においてファミリー企業の影響力は強く、もはや無視できない存在であると言える。日本でのファミリー企業の歴史をたどってみると家族的・同族的経営形態が見受けられるようになったのは江戸時代であり、日本企業が今日のように資本主義的な近代的企業として形成されたのは明治維新以降である。明治維新後、武家・武士階級の忠義中心の儒教的な倫理観念が加わり、企業への忠誠心を中心とした経営家族主義の理念が発展した。それまでの日本企業指導者は国益・公益優先を理念として掲げていたが、私的資本主義化が進展するとともに企業中心性が強くなり、三井や住友、三菱などという日本を代表する財閥は、家としての企業忠誠心が前面に立つようになった。1970年代に入ると、高度経済成長を遂げた日本における「長期雇用」や「安定的労使関係」に注目が集まるようになった。

しかしバブル崩壊によって状況は一転し、日本は「失われた20年」と言われるほどの長い不況に陥った。このような環境下でも日本のファミリー企業は事業活動を継続し、幾多の危機を乗り越えながら伝統を積み重ねていった。世界経済はグローバリゼーションの時代を迎え、「所有と経営の分離」や「株主価値の向上」が国際企業の責務として求められるようになったが、株式の持ち合いや社長会などによってむしろ関連会社との関係を深めていた日本企業は、世界の流れに反する企業形態であったために、その存在価値が日本においてあまり評価されてこなかったのである[12]。

　ここまでは経営史の視点から日本とアメリカにおけるファミリー企業の変遷を見てきたが、次項ではそのファミリー企業がどのような性格をもっているのかを明確に提示した後に、日本の財閥と性格の似ている華人財閥の事例を取り上げ、ファミリー企業がどういった強みを持つ組織なのかということについて検討していきたい。

2)　ファミリー企業の特徴と両面性

　ミラー（2005）[13]によると、ファミリー企業は以下のような「四つのC」という原動力を持っているという。まず、継続性（Continuity）である。ファミリー企業は、先祖から与えられた、または子孫に伝えるための長期的なミッションを達成するために、必要なコンピタンスの構築に長期にわたって大胆な投資を行う。また、経営幹部の育成に時間をかけた上で、長い在任期間を与えている。第二に、コミュニ

ティ（Community）である。強い価値観を核にして従業員を
まとめ上げ、彼らとの交流を通じて価値観の普遍性を納得さ
せ、従業員を厚遇することで忠誠心と協力を引き出すことで
ある。第三に、ビジネスパートナー、顧客だけでなく、広く
社会一般に対して永続的でオープンな互恵的関係を築き上げ
るコネクション（Connection）である。第四に、一族が発言
と決定に一定の権限を持っていることから指揮権を発揮でき
るというコマンド（Command＝指揮権）である。

図1-2　　ファミリー企業の特徴　4つのC

出典：Illustration by Joon Moon M. D.

　つまり、ファミリー企業は、権力を持つ経営者が考えて
いる長期的なミッションを達成するために従業員が団結し、
また、パートナーや顧客及び一般社会に対しては信頼構築
のために多大な努力を注ぎながら、長期間に渡ってコア資
源を蓄積したり、コンピタンスの構築のために莫大な投資

を行ったりするというような特徴を持っている企業であると言えるであろう。

　ファミリー企業には上記のような特徴がある半面、企業経営や事業戦略において経営者の権力が強いことは独裁主義につながりやすく、また同族によって経営陣が構成されるため、外部環境の変化に疎い情報の固定化が起こる可能性が高くなるなどといったデメリットも存在している。ファミリー企業においては特に、内部の意志疎通に客観性が欠落するということがしばしば衰退の原因となっている。つまり、よい影響を及ぼす場合もあれば、反対に内部の意思疎通に客観性が欠如する恐れがあるのである。

　このような問題点を解決するためには、組織外部とのネットワークを活用することによって組織の閉鎖性を打破することが求められる。次項で検討していく華人企業ではそういったネットワークがファミリービジネスにおいてどのような影響を及ぼすのかについて有意義な示唆を与えてくれる。では、さっそく華人企業のネットワークがどのように構築され、機能しているのか見ていくことにしよう。

3) ファミリー企業におけるネットワーク―華人企業から考える外部ネットワーク―

　華人は中国人が海外へ大量移住したことによって形成された民族であり、全世界に多く散在している。華人社会では「血縁・地縁・業縁」というつながりを大切にしており、華人企業間では互いに協力し合って事業を展開するケース

がよく見られる。過去には移住国政府が、社会、経済面で、華人に対する制限を加えた時期もあったが、華人はこのような逆境に立ち向かって互いに助け合いながら華人ネットワークを構築し、現在では華人企業及び華人企業グループが経済的に大きな力を持つようになっている。

　朱（1995）[14] は、華人企業の独特な経営方法として、多角化経営、政治権力との統合、家族経営を中心とした経営形態を挙げている。ここで注目すべきは、華人企業の多くがファミリー企業であり、経営と所有が一致している企業が多いという点である。華人社会では信頼を重視しているが、華人企業同士においてもその考え方が深く根付いており、相互の堅い信頼関係は協力の基盤となっている。そしてこの協力関係は、華人の大企業グループ相互の株式の持ち合い、合弁や資本参加による企業設立などによって築かれている。共同投資で設立した企業が発展に応じて分割され、いくつかの大企業グループの母体になったこともある。また華人企業の協力は、相互の役員派遣、家族メンバーの閨閥関係などの形でも見られる。

　この華人企業グループに対する研究には、「関係ネットワーク論」がよく用いられる。関係ネットワークとは、企業のグループ化を単に家族だけでなく、同宗、同郷、同窓、友人関係にもとづく幅広い人的な結合まで求める考え方である。華人企業には戦前期の日本の財閥とは異なる、ゆるやかな企業連合体としてのグループの存在が指摘されているが [15]、ゆるやかな企業連合体を構築するためには人と人との付き合いによる信用と信頼関係の構築が必要不可欠となる。これは、華人企業同士のビジネスにおける最たる特徴

でもある。経営者が会食の場に出向いたり、社会貢献や奉仕を目的とする集会に参加したりして、ネットワークを形成していく積極的な努力がネットワーク形成において非常に重要な役割を果たしている。

　この華人企業のネットワークに対する考え方を日本のファミリー企業に照らし合わせると、外部環境の変化に柔軟に対応し、企業が長期存続していくためには、同じ地域に位置する企業、地域政府、その他の地域の多様なアクターに対して、企業家が積極的に働きかけ、ネットワーク及び信頼関係を構築することが必要不可欠であると考えられる。

　ここまでは主に、ファミリービジネスの組織外部との関係性マネジメントについて華人企業を例に検討してきたが、たとえ組織外部から有益な知識や情報を獲得できたとしても、それを組織内部で共有していかなければ知識や情報が活かされないままになってしまう。つまり、組織内部でどのようにマネジメントを行っていくのかという点についてのレビューが必要だと言うことである。次項では、組織内部のネットワークに関する先行研究を行い、社内での知識及び情報の共有がいかに重要であるかについて考察する。そして、その組織内部の情報の共有が後継者問題の解決のための一歩となることを主張していく。

4) ファミリー企業におけるネットワーク─韓国財閥から考える内部ネットワーク─

華人企業だけでなく、全般的なファミリー企業における

研究の中で、しばしば言及されるのは後継者問題及びそれに伴う事業継承問題である。本項では、韓国財閥におけるファミリー企業のトップマネジメントについて研究を行っている安部（2006）[16] の研究をもとに論を展開していく。安部（2006）によると、韓国財閥の成長の歴史は多角化と企業グループ化の歴史であるが、特に非関連多角化による急速な拡大が特徴であるという。それゆえ、急速な事業拡大に伴って、社外から棒給経営者[17] を確保することが大きな課題であった。

　2010 年に公正取引委員会が発表した資産額基準の企業グループ順位において 1 位だったサムスンの場合、1976 年の初期段階においては多数の創業者一族が理事会のメンバーに参加していたが、社外から招かれた棒給経営者は系列企業に一部登用されるに過ぎなかった。しかし、1980 年代後半に創業者が死去し、更に 1990 年代に入ると系列分離によって多くの家族が相次いでサムスングループから離れ、グループには創業者一族のうちグループの会長とその妻の直系のみが残るようになった。2003 年には商法及び証券取引法の改正により、資産額 2 兆ウォン以上の上場企業は理事会の半数以上を社外理事とすることが義務付けられ、サムスンでは社外理事数を最小限に抑えるために理事会規模を大幅に縮小した。その結果、創業者一族が理事会に占める比率は若干上昇したが、サムスンの系列企業において創業者一族のプレゼンスは一層小さくなった。ただし、サムスンには会長秘書室のような会長直属の組織が作られており、創業者一族であるグループ会長は、系列企業の経営の多くを外部の棒給経営者に委ねる一方で、グループ全体に

かかわる重要な意思決定のみ直属機関である会長秘書室を通じて会長が行うシステムを作り上げている。

　韓国の資産額第5位の企業であるSKグループの場合でも、サムスングループより多くの家族が理事会に参加しているが、棒給経営者のプレゼンスが高まる傾向にあるのは同じである。つまり、SKグループにおいても家族経営者やその一族だけでなく、棒給経営者までを含めた経営チームが組織される傾向にある。家族による閉鎖的な企業経営は時に外部の棒給経営者にとって魅力的ではないように映ってしまい、優秀な棒給経営者の維持・獲得が難しい場合も多いが、このような棒給経営者を経営チームに入れることは企業成長において重要な役割を果たすとともに、事業伝承問題の解決に向けた有効な切り口の一つともなりうる。Useem（1986）[18]は、各々の取引企業や業種といった狭い利害関係を越えた、実業界とのより広範かつ長期的なビジョンを持つ「インナー・サークル」という主体間の関係構築の重要性について指摘しているが、ファミリー企業においては閉鎖性を打破していくためにも、こういった組織内外部の人材が集結した経営チームが事業展開や継承問題について相談や議論をし、知識と情報を共有する仕組みを構築する必要がある。

　このような努力は、従業員に強いコミットメントとモチベーションを持たせることにつながり、結束といたわりの組織文化をつくることができる。また、企業のミッションや価値観を経営陣と共有することによって、イノベーション創出のための事業機会の認識促進につながるといった効果がもたらされる可能性がある。

次項では外部と内部のネットワークを構築するにあたっ
て、重要な役割を果たす「企業家」の役割に関して述べて
いく。この企業家によるネットワークの構築はイノベー
ション創出の基盤となるため、企業家に関する先行研究は
地域企業のイノベーションを述べるにあたって欠かせない
ものであると考えられる。

5)　ネットワーク構築のための企業家の役割

　前項では、ファミリー企業におけるネットワークの重要
性について論じ、また問題点として情報の固定化や事業継
承問題を挙げた。本研究では、そのようなファミリー企業
に潜在する課題を、企業家活動の観点から分析し、解決に
導くことを目的とする。以降では、企業家の本質に触れな
がらファミリー企業内に存在する企業家活動に焦点を当て、
ネットワークアプローチの重要性を明らかにする。また、
ファミリー企業の課題に対する企業家の具体的な対応策に
ついても検討する。

　企業家とその役割に関しては多くの研究が展開され、そ
の定義も無数に存在する。米倉（2003）[19]によると、企業
家とは組織の中で「起業する」社内調節のコーディネーター
であるという。また、シュンペーター（1998）[20]は、「組織
の発展は生産手段の『新結合』を通じて非連続的に現れ、
これを革新的に担っていくのが企業家である」としており、
その新結合の内容としては、①新しい生産物または新しい
品質の創出と実現、②新しい生産方法の導入、③産業の新

しい組織の創出、④新しい販売市場の開拓、⑤新しい買い付け先の開拓が挙げられている。ここで、企業家を説明するにおいて「革新性」というものが重要なキーワードになっていることが分かる。これについては、金井・角田（2002）[21]も主張しており、彼らによると企業家のポイントは、「革新性」にあり、既存企業の中で新しい技術あるいは製品開発、製造方法、マーケティングなどの新基軸を導入し、既存の事業のリニューアルあるいは再構築を行う人を指すという。

　では、企業家はどのような意志を持ち、いかに行動すべきなのだろうか。ドラッカー（1985）[22]によると、企業家精神は「企業家的経営管理、つまり企業の内部における政策と実践を必要とすると同時に、企業家的戦略、つまり企業の外部たる市場における政策と実践を必要とする」という。また金井（2004）は、企業家活動に求められる要件として、①コンセプト創造力、②仮説構築力、③ネットワーク構築力、④対話力の4つを挙げており、この内部組織管理と外部の環境変化への対応を両立することで企業は持続的かつ発展的な成長力を得るとしている。

　ここで金井が論じる企業家に求められる4つの要件と、ファミリー企業において原動力となる「四つのC」の関連性が浮かび上がってくる。つまり、コンセプト創造力、仮説構築力、ネットワーク構築力のコンセプトをいかにして実現可能にするかという具体的な仮説に対して挑戦するとともに、積極的に組織外部に対してネットワークを構築しその中で経営資源を獲得したりコンセプトの強化を行ったりする点に関してはコネクション（Connection）に関連していると考えられる。また、コンセプト創造力、対話力の明確な

コンセプトを掲げ組織内部に浸透させることでスムーズな意思疎通を可能にすると同時に、成員のモチベーション向上のために働きかける点に関しては、コミュニティ（Community）に関連していると考えられる。つまり、企業家活動—特にファミリー企業における—とは、組織の外部及び内部の双方への働きかけを行うことで組織の効率化を図り、長期存続を可能にすることと言えるだろう。そのためには、外部に向けた積極的な働きかけと組織を率いるリーダーシップ、そして革新性が重要な要素となる。

　よって本研究では企業家を「①明確なコンセプトを提示し、②組織内へ浸透させコミュニケーションの場を創出することで成員の協働意欲を引き出すと同時に、③外部のネットワークから獲得した経営資源を鋭く取捨選択し、④革新的に事業活動を行う人物または経営集団」と定義する。次項ではこの定義をもとに、ファミリー企業におけるネットワーク構築の重要性を明らかにするとともに、ファミリー企業内に潜在する課題を企業家という観点から分析し、解決へと導きたい。

6)　外部ネットワークの構築—経営資源不足の補完—

　前述したように、ファミリー企業は同族内で企業経営を行うため、外部の環境の変化に対して非ファミリー企業と比較すると疎いという課題が挙げられる。ここでの解決策としては、企業家の積極的な外部ネットワークの構築及び活用により、多様な情報を取り入れることで固定化された

情報を補完する方法が有効であると考えられる。企業家活動とネットワークに関しては、様々な研究によってその重要性が実証されており、金井（2008）[23]はネットワークという言葉を「統一的な命令の範囲外にある複数の主体間の関係（つながり）」と表し、そのつながりとは「複数の主体間の間を行き交う情報と財の流れ（相互行為）」としている。また若林（2009）[24]によると、ネットワーク組織とは「複数の個人、集団、組織が、特定の共通目的を果たすために、社会ネットワークを媒体にしながら、組織の内部もしくは外部にある境界を越えて水平的かつ柔軟に結合しており、分権的・自律的に意思決定できる組織形態」であると定義されている。さらに、「ソーシャル・キャピタル」すなわち「社会関係資本」という観点もあり、企業や自治体、NPOなどの組織において、その内部や周辺に発達した人的ネットワークがその目的や活動を促進する役割を果たすと、その行動や業績によい効果をもたらす場合が多く見られる。そうした特性を持つネットワークは、組織やビジネスパーソンにとって有益な経営資源であると考えられており、こうしたネットワークは組織にとって、ヒト、モノ、金、情報を媒介し、かつ活かす重要な経営資源であると考えられている。情報社会である現代において、特に重要視されている経営資源は「情報」であると言える。その理由としては、組織間で情報交換を行うことにより、自社に不足している経営資源（技術やノウハウ、アイディア等）が企業家を通じて組織に還元されるということが挙げられる。また、企業家自身が掲げるコンセプトの再認識・修正、さらにはより具体的なものへと強化する機会にもなるからである。

つまり、事業の担い手として外部から得られた情報の取捨選択を迫られる企業家の役割というのは、以前に比べより積極性・革新性及び判断力が要求されるようになり、その活動は組織の長期存続にも大いに影響を及ぼすということが分かる。

7)　内部ネットワークの構築―組織マネジメントとリーダーシップの発揮―

　前項では、主にファミリー企業の企業家による外部へのはたらきかけとその効果に注目した。本項では対照的に、組織内部へのはたらきかけとその効果を明らかにする。企業家活動におけるネットワークアプローチは外部だけでなく内部へも行われることが理想とされる。組織のネットワークは、情報や資源をもたらすだけでなく学習機会の提供やイノベーションの促進効果などもあることが分かっている。ネットワークにおける個々の組織または個人間のつながりは、しばしば「紐帯」という言葉で表現される。若林（2009）[25]によると、この紐帯の密度が高くなると情報や資源へのアクセスが増え、その流通が促進される。また、そこからさらなる紐帯の増加も期待でき、相互作用の機会が増していく。人々や企業の間での相互作用が頻繁になることで、個人や組織の能力・成果に関する情報も流通しやすくなり、それらを通じてビジネスの現状を把握しやすくなる。さらに、ネットワーク内部で互いの存在を把握したり評価したりすることにより、信頼関係の構築にもつながるのである。

また若林は、「信頼関係」は継続的なビジネス関係の基盤となり、その発展を促進することを示した。

　また前述したように、ファミリー企業内部における課題の１つに事業継承問題がある。解決策としては、一貫した意思疎通やコミュニケーションの場を企業家自らが創出するといったアプローチが挙げられる。また、ここでは企業家の「リーダーシップ」も重要な要素であると考えられる。組織を動かす上でリーダーシップは必要不可欠であり、人間同士の複雑な依存関係を操る役割を果たす。リーダーシップとは、変革を成し遂げる力量を指し、意義のある変革を成功に導く原動力にもなる。ファミリー企業の事業継承問題も一種の組織変革とすると、それらの対応を考えるうえで非常に重要なポイントである。組織変革は何らかの抵抗を受けやすい。後継者問題であれば、息子からの抵抗を受けるかもしれない。変革の結果、必要になるスキルや行動様式を自身では受け継げないかもしれないという不安や気後れが、抵抗の原動力になることもある。変革が必要であることは理解していても、感情の面でストップサインが出てしまうのだ（コッター、1999）[26]。つまり事業継承問題において重要なのは、後継者の心理的状況を理解すること、つまり「モチベーションのマネジメント」なのである。

　では、どうすれば後継者のモチベーションを高めることができるだろうか。これに関しては様々な研究が行われているが、コッター（1999）[27]は、教育においてコミュニケーションを積極的に取ってこちらの考えを伝え、変革の必要性と理論を理解してもらうことで、問題が解決されると述べている。動機付けと啓発によって内なるエネルギーを燃

え立たせるのである。但し、これらのプロセスを成功させるためには、伝える側の人間自身が自分たちの慣れ親しんだメソッドやノウハウの長短所を今一度正確に理解する必要がある。これこそが後継者へ伝える力である。経営していく上での指針となる軸を明確に持ち、それらをきちんと後継者へと伝承していくことができるか否かということが、ここでの企業家に求められるリーダーシップなのである。

　つまり、企業家は、外部に対する積極的な働きかけと同時に、内部に対する組織統制としての働きかけの双方を行うことにより、組織の活性化ないしは長期存続に貢献できるのである。また、それは「革新性」に基づくものであり、外部環境の変化が激化している今日、企業家がいかに判断し行動していくかということが、組織の今後を大きく左右することになると考えられる。

8) ファミリー企業のマネジメント

　本節ではファミリー企業における問題点を大きく情報の固定化と事業継承問題に分け、その解決策を企業家活動の視点で考察してきた。先行研究によると、企業家には外部ネットワークの構築を通じて資源を確保する能力と、内部ネットワークの構築を通じた組織マネジメント能力が求められる。特に韓国の財閥企業の場合、多角化するに伴い外部から専門経営者を受け入れて成長していくため、外部から棒給経営者を確保し意識共有を図る必要がある。これに対し、規模がそれほど大きいとは言えない地域企業におい

ては、社外の人材よりは家族内から後継者を求める傾向が強いと考えられる。その場合には、家族の中でどのように後継者を育成し、継承するかという大手企業とは異なる課題が生じてくる。しかし、これは内部ネットワークだけを強調しているのではないという点に注意しておきたい。むしろ、地域の家族経営の存続及び発展において、経営チームの学習の場としての外部とのネットワークは必要不可欠である。

　これについて、鄭（1999）[28] はファミリー企業が家族から後継者を育成する際の条件として「企業外での事業経験」を挙げ、後継者を独立的かつ専門的な経営者として成長させる必要があると述べている。また、創業者自身は家族経営者に事業を継承する際に最高責任者から次第に事業補助役やコンサルタント役に転身すべきであると述べ、役割を移行するプロセスにおいて、継続的に家族協議会を開いて事業アイデアを共有し、成長戦略を論じる中で、相互に学び合うメカニズムを構築する必要があると主張している。

　その一方で、家族協議会には社外の人材を入れることによって客観性を持たせるべきであるとも述べている。この家族協議会という学び合いのメカニズムを本研究では組織学習と捉え、後にレビューを行う。家族協議会は「学習の場」としてビジネスモデルの構築に影響を与え、組織に共通認識を構築するという役割を果たす。そういった見地から、次節以降ではビジネスモデルとは何か、なぜビジネスモデルを共有すべきかに関して、また組織学習とは何かに関して検討を行っていく。

4　地域企業のビジネスモデル（システム）と戦略的資源

1)　ビジネスモデル

(1) ビジネスシステムとは

　加護野・石井（1991）[29] によれば、ビジネスシステムとは「生産・流通システムのなかで、どこまでを自社のなかに統合するか、どこまでを準統合するか、そしてどこまでを自由な競争にゆだねるのか」という判断の結果として生じる個々の企業の担当範囲のことである。この加護野・石井（1991）は、情報技術の飛躍的な進化によって日本の伝統産業である酒造産業の流通・生産システムが大きな構造変革を余儀なくされたことから、「情報」が資源として価値を持つようになったことに着目し、「情報」を軸とした「範囲の経済」や「速度の経済」が追求され、縦・横ともに既存の業界構造の垣根を越えた融業化が進んでいくと考えた。つまり、メーカー、卸、小売間の水平的な競争だけでなく、メーカー対卸といった縦の競争によって付加価値の分配をめぐる競争が行われていくというのである。

　その後、ビジネスシステムは顧客により良いサービスや商品を提供するための仕組みとして捉えられ、具体的に定義づけされていく。加護野（1999）[30] によれば、事業システムとは「どの活動を自社で担当するか、社外の様々な取引相手との間に、どのような関係を築くかを選択し、分業の構造、インセンティブのシステム、情報、モノ、お金の流れの設計の結果として生み出されるシステム」である。

ここで重要なのは、従来まで企業の競争力の源泉は商品やサービスの開発にあると考えられていたのが、顧客に価値を届けるための事業の仕組み自体にあると捉えられるようになったという点である。この種の差別化は模倣されにくく、目立ちにくいため企業は持続的な競争優位を獲得しやすくなる。このことから、加護野は事業システムの変革を「静かな革命」と呼んでいる。

さらに、自社の経営資源に着目したコア・コンピタンス論を事業システム論の中に取り込んでいくという考え方が生まれた。加護野・井上（2004）[31]は、事業システム（ビジネスシステム）を「経営資源を一定の仕組みでシステム化したものであり、どの活動を自社で担当するか、社外の様々な取引相手との間に、どのような関係を築くかを選択し、分業の構造、インセンティブのシステム、情報、モノ、カネの流れの設計の結果として生み出されるシステム」であると述べている。このように、ビジネスシステムの概念は、個々の企業の担当範囲を設計するという考え方から始まって、顧客により良い価値を提供するために経営資源を活かして事業の仕組みを設計していくというように時代の変化に伴って変化してきたのである。

(2) ビジネスシステムとビジネスモデル

ところで、ビジネスシステムに似た概念にビジネスモデルがある。加護野・井上（2004）[32]によれば、ビジネスシステムとビジネスモデルの違いはほとんど見出せないが、あえて両者を比較するとすれば、「システム」は独自性から出発する傾向がある一方、「モデル」は汎用性から出発する

傾向があるという。本研究では、地域企業が実際の事業に応用し更なる発展を遂げることができるモデルを解明することに焦点を置いていることから、より汎用性の高いビジネスモデルの観点から研究を行っていくことにする。

　國領（1999）[33]はビジネスモデルを「だれにどんな価値を提供するか、そのために経営資源をどのように組み合わせ、その経営資源をどのように調達し、パートナーや顧客とのコミュニケーションをどのように行い、いかなる流通経路と価格体系の下で届けるか、というビジネスのデザインについての設計思想」と定義付けている。

図1-3　収益性の決定要因

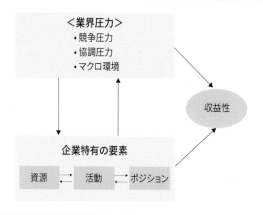

出典：Afuah（2003）p. 4

　以上を踏まえると、自社が保有する経営資源や価値を届けたい顧客・ターゲットを明確にし、外部資源を有効活用して資源を強化したり、顧客との関係性を構築したりする中で、他社が容易には模倣できない独自性のあるビジネス

を設計していくことがビジネスモデルの構築であることが分かる。

　また、ビジネスモデルを構築するにあたっては、経済的に利益を得られるかという視点も非常に重要である。ビジネスモデルを「お金を儲ける仕組み」として捉えたのがAfuah（2003）[34] である。

　Afuah は従来の戦略論は企業が必要とする以下の 2 点を欠いていると指摘している。第 1 に、戦略の概念が散漫としており、企業がまさに望む戦略と収益性の関連性に焦点が当たっていないという点である。第 2 に、企業の収益性の中で重要な役割を担う要因を説明していないという点である。ここからは、実際に企業が収益性を上げるための決定要因を見ていくことにする（図 1-3）。

　Afuah（2003）は、企業の収益性に影響を与えるものとして 3 つの主要な業界圧力があると述べ、競争圧力、協調圧力、マクロ環境を挙げている。

　競争圧力とは、企業が供給業者、顧客、競争業者、潜在的新規参入業者、補完業者、代替業者から受ける圧力のことで、どの業界にも共通して存在する。Porter（1982）[35] が提唱した業界の収益性を決めるファイブ・フォースモデルを思い浮かべれば理解しやすいだろう。

　ただし、競争相手は必ずしも敵になるわけではない。むしろ、顧客により良い価値を提供しようとする企業や、より収益性を上げようとする企業の味方にもなりうる。つまり、競争ではなく協調することによって互いに利益を得ようという圧力も存在するのである。これが協調圧力である。

　マクロ環境は、どの国や地域においても、その国や地域

の文化、政府の政策、財政政策や法律、技術進化によって競争環境に影響を与える。

しかし、企業の収益性を決めるのは業界圧力のみに限らない。企業の収益性を補完するもう一つの要素として、Afuah は企業特有の3つの要素を挙げている。それは、ポジションと活動と資源である。

業界内の企業のポジションを決める要素としては、1. 顧客に提供する価値、2. 価値を誰に提供するのかを決める市場セグメント、3. 利益の源泉、4. 供給業者・顧客・ライバル・潜在的新規事業者・代替製品・補完業者と企業との関係性、5. 顧客への提供価格の5要素があるとしている。

また活動に関しては、適切な市場への適切な価値の提供、コストパフォーマンスの向上、利益の源泉の明確化、供給者や顧客らとの良好な関係の構築のために活動を行わなければならないとしている。さらに、いつ、どの活動を、どのように起こすかによっても、企業の収益性は決定されていくと述べられている。

さらに、資源に関しては、企業の資産をその企業のビジネスモデルに合うように効果的に使う能力も含まれており、資産は備品や設備のような有形のものから、特許やブランド、著作権といった無形のものまで含まれるという。また、従業員の能力や知識、つまり人も資源である。資産を異なる市場セグメントの顧客価値に変えていく企業の能力やポジションの中での交渉権はコンピタンスまたはケイパビリティであると述べている。

ここまで、ビジネスモデルを構築するにあたっては、「お金を儲ける仕組み」という視点が必要であり、企業の「収

益性」を適切に管理することが重要であることを確認してきた。これからは、ビジネスモデルを構成する要素についてより詳しく見ていくことにする。この要素をレビューすることによって、地域企業が顧客により良い価値を提供し利益を得る成功可能性を見出すことができるだろう。

(3) ビジネスモデルと地域企業

ここまで、Afuah の提示する収益性を決定づける 2 つの要因についてレビューしてきた。

図1-4　ビジネスモデルの構成要素

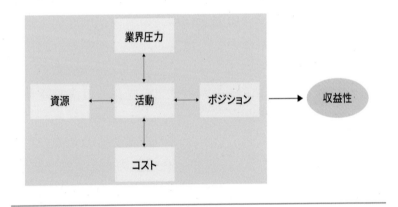

出典：Afuah（2003）p. 10

1つ目は業界の圧力と企業特有の要因であった。ビジネスモデルは「お金を儲ける仕組み」であるため、企業の収益性を定義付ける要素が入ってくる。そして、それはポジション、活動、資源、業界圧力の相互的な作用である。また、Afuah（2003）はこれらに次いで「コスト」が加えられる

と述べている。企業は低コスト戦略を行うにしろ差別化戦略を行うにしろ、活動を行えばコストが生じる。企業は低コスト戦略を行っている時でさえ、コストを最小化することはできない。つまり、収益性は「収入」と「コスト」によって左右されるため、コストはビジネスモデルの要素に入れられるべきだというのである。

　2つ目は、企業が顧客に価値を提供する際に、いつ、どの事業を、どのように行うのかの関連性であった。

　以上を踏まえて、Afuah（2003）はビジネスモデルとは「優れた顧客価値を創造するために、自社の資源を利用することによって、業界の中でどの活動を、どのように、いつ行うかの集合体であり、適切な価値を提供するために他社との関係性の中で自社の相応しいポジションを決めていくものである」と定義している。

　我々がこれまでにレビューしてきた先行研究を振り返ってみると、ビジネスモデルは顧客により良い価値を提供するための仕組みであり、企業固有の資源を活かしていくことが重要であった。さらに、ビジネスモデルは利益を得るための仕組みであるため、企業がいつ（タイミング）、顧客に競争優位性のある価値を顧客に提供できるかが重要であった。そして、企業は外部の関係者とのコミュニケーションを通じて適切なポジションを獲得していく必要があった。

　以上を踏まえて、本研究ではビジネスモデルを「自社のコアとなる経営資源と外部のネットワークから得られる資源をどのように組み合わせ、いつ・誰に・どのような価値を、どのような価格・流通経路で提供するのかを示したもの」と定義することにする。

地域企業のビジネスモデルの設計を考える際に特に重要となるポイントは、自社のコアとなる経営資源と、模倣困難性が高く、収益性のある価値をどのように提供していくかである。その根拠を述べていくことにしよう。

　まず、第1にコア資源の重要性に関してである。金・内田（2008）[36]は、外的環境が劇的に変化していく時代にあり、中小企業は内的要因にフォーカスすることによって、コアとなる技術の形成や、地域資源を活用した経営革新といった内部の経営資源の充実化を行った方が賢明なのではないかと考えるようになり、とりわけ地域企業は最近の中小企業政策の影響もあって、地域資源と自社の経営資源との関係について改めて考えを巡らせる必要性に迫られているとしている。つまり、どのような時代においてもコアとなる資源なしには、長期的に顧客に価値を提供し続けていくことはできないということである。

　そして第2に、模倣困難性が高く収益性のある価値の提供である。地域企業が価値を維持・向上させていくには、ブランドの構築が有効である。なぜならブランドは、その企業の経営資源、企業と顧客とのつながり、提供価値の魅力などをはじめとした多様な要素を反映したものだからである。ブランドを構築できれば他社には模倣が困難になるため、地域企業にとって競争優位を築き、維持する上で効果的かつ効率的であると考えられる。

　以上のことから、地域企業の文脈でコア・コンピタンスとブランド構築について考察する必要性があるため、次節にてレビューしていくこととする。

(1) RBV（資源ベース論）

　競争市場において競合企業が模倣できない独自の経営資源はコア・コンピタンスまたは中核資源と呼ばれ、競争市場において優位性をもたらすとされている。Prahalad & Hamel（1990）[37] は、企業の競争優位の源泉は製品・サービスという最終的な段階ではなく、その根幹にあたる他社には模倣できない自社特有の経営資源であるとし、コア・コンピタンスをベースにした組織的な事業展開を行うことが経済的かつ効率的な事業展開であると述べている。ここで両者はコア・コンピタンスを技術や人材といった企業の一部として捉えるのではなく、企業の資源が統合された集合体として認識している。つまり、コア・コンピタンスとは企業内の資源の一部を強化したからといって単に競争力を有するものではないのである。また、企業資源が集合体として競争優位を発揮するとして、Barney（2003）[38] は企業の経営資源のケイパビリティを強みか弱みかに分類し分析するVRIO フレームワークを用いて企業の競争優位性について述べている。Barney は企業の経営資源が外部環境における脅威や機会に適応することを可能にしているかという経済価値（Value）、市場において経済資源をコントロールする競合企業がわずかであるかという希少性（Rarity）、他社がその経営資源を獲得する際にコスト上の不利益に直面するかという模倣困難性（Inimitability）、企業が経営資源を活用するために組織的な方針や手続きを取っているのかという組織（Organization）の 4 つの要素が総合的に組み合

わさることで、市場において企業の競争優位性が確立されているとする。ここで、本研究においては地域企業の経営資源を Prahalad & Hamel（1990）が主張するコア・コンピタンスに限らず、企業が保持する経営資源全体にまで拡張して捉えてレビューしていく。

　一方、Afuah（2003）[39] はビジネスモデルにおいて企業に利益をもたらす経営資源を探求するための VRISA モデルを提唱する。このモデルにおいては Value（価値）、Rareness（希少性）、Imitability（模倣性）、Substitutability（代替可能性）、Appropriability（専有可能性）が企業の経営資源の特徴となり得ているかで企業の競争優位性が安定的か一時的なものかを分析する。つまり、競争優位を生み出す経営資源は市場や競合他社にとって希少であり模倣困難であるだけでなく、自社に利潤をもたらし、潤沢なキャッシュフローによる長期的な経営の安定化を最終的にもたらすことが求められるのである。

　地域企業において希少な経営資源が競争優位性を与えている典型的な例は日本の職人技術であろう。新幹線の車両部品の生産を手掛ける日本のある企業は、地域企業でありながら熟練された精巧な板金技術から、工場では生産できない新幹線の車両の先頭部を作り続けており、多くの車両部品が新幹線に使用されている。この板金技術は工場の大量生産では模倣できるものではなく、また新規参入者が数年訓練したからといって取得できる技術ではない。長い歴史をかけ人から人へと受け継がれた熟練技術という経営資源が、地域企業の競争優位の源泉になり得ているのである。伊丹・軽部（2004）[40] は、このような資産を見えざる資産

として、技術やノウハウの蓄積、顧客情報の蓄積、ブランドや企業への信頼、仕組みやシステム、組織風土といった情報的資源など表面的・物質的に見えたり触ったり計ったりできるものではない企業の資産を示すとしている。見えざる資産の共通する特徴とは「情報的経営資源」であるとし、情報は外から内への「環境情報」、内から外への「企業情報」、そして企業内部での「内部情報処理特性」に分けられるとしている。伊丹は経営資源を情報として捉えることで、他社が金銭を用い容易に獲得できるものでなく、多重利用可能な資源として着目しているのである。また、伊藤・須藤（2004）[41] は中核的な経営資源の定義として自社のコアスキルとアイデンティティの追求に加え、「将来にわたって継続的に利益をもたらしてくれる戦略的顧客はだれか」という問いを示しており、経営資源の構築にあたり顧客との関係性についても言及している。これについては Prahalad&Hamel（1990）[42] も選定の条件として、「コア・コンピタンスは、広範囲かつ多様な市場へ参入する可能性をもたらすもの、最終製品が顧客にもたらす価値に貢献すること、ライバルに摸倣されるのが難しいこと」と主張しており、コア・コンピタンスが業界内部で構築されるだけでなく、顧客に価値が伝わり認識されてこそ真の競争優位性を実現できると言えるであろう。

　大企業に比べて資源（人・モノ・金・情報）が乏しい地域企業にとって、市場において価値が高いコア・コンピタンスを構築することは現在または未来への長期存続につながる問題と言える。資源が限られている地域企業は他社との差別化を、顧客への価値の提供を目標として企業家を含

めた組織全体で行っていく必要がある。

このことから、本研究では地域企業に競争優位をもたらす経営資源を「顧客と企業内部で価値が認識されており、資源の形の有無にかかわらず模倣が困難かつ長期的な発展の可能性を秘めているものであり、企業家を中心に組織的に企業の戦略に組み込まれているという特長を持つもの」と定義する。特に、長期的な発展の可能性については、企業にとってコア・コンピタンスを構築する際に企業活動をどのような市場に向けるのかという経営の方向性にも影響を及ぼす。

Afuah（2003）[43]は、企業が新市場拡大のために経営資源を確保するためには、Porter（1982）が提唱するファイブ・フォース分析のような新市場における産業魅力度の基盤、相補的な資産の利用可能性、参入費用、そして拡張することが企業にとってよりよいことかどうかを総合的に分析する必要があると述べている。その上でAfuah（2003）はVRISAモデルを掲げ、自社のコア資源によって企業に競争優位性が作られることで、企業の外部的要因及び内部的要因の面から市場分析が可能になるとしている。つまり、企業が新市場への拡大を目標に市場分析を行う際にも企業のコア・コンピタンスとなる経営資源が分析軸となることでより競争優位な市場がもたらされるのである。

(2) 地域企業におけるブランド構築

企業が市場において競合他社よりも優位に経済活動を行うためには競争優位を生み出す経営資源が必要だということはこれまでの議論からも明らかであろう。前述のBarney

（2003）[44] の VRIO モデルで明らかなように、コア・コンピタンスとなる経営資源は、経済価値（Value）、希少性（Rarity）、模倣困難性（Imitability）、組織（Organization）が総合的に組み合わさることで競争優位性を生み出すということが言える。本項においては強力に構築されることで企業と消費者を密接につなげ、なおかつコア・コンピタンスにもなり得るブランドについてのレビューを行う。

　ブランドとは「自社商品を他メーカーから容易に区別するためのシンボル、マーク、デザイン、名前などのこと」（小川、1994）[45] であり、企業にとって強力なブランドを構築することは経済活動を行う上で非常に重要であると言える。なぜなら、企業が強力なブランドを構築することによって消費者との間に信頼関係が生まれ、消費者の購買行動に正の影響を与えることが可能となり、競合企業に対して市場シェアや価格設定の面においても優位に立つことができるからである。

　特に、本研究の対象である地域企業にとってブランドは大きな役割を果たすであろう。伊部（2009）[46] によると、地域企業とは、①地域資源を活用し地域の産業を担っている、②地域経済に貢献している、③特定の地域のニーズを満たすという３つの役割のうちどれか１つ、またはこれらの役割を組み合わせた企業のことであり、大企業と比べて地域に密接に関わっている企業であるということが言える。猪口（2008）[47] が取り上げている、広島県福山市にある「カイハラ株式会社」を例に挙げて説明していこう。同社は1893 年に創業されたブルー・ジーンズ製造会社であり、現在ブルー・デニムの生地市場において国内で 50% 以上の

シェアを誇る企業である。猪口は、カイハラが広島という地方に位置しながらこれほどのブランドを構築し得た理由として、ブルー・デニム生地製造において、カイハラの持っていた紲糸の技術や染色の技術が存分に活かされていたこと、工場のある三備地区で得られる藍染に適した軟水や品質管理に長けた職人を保有しており、それらをコア・コンピタンスとして活用することに成功したこと、またコア・コンピタンスを活かして Levi's や Lee など有名ジーンズ・メーカーとの取引を開始したことで消費者やその他の企業にもカイハラのブランドが認知されるようになったことなどにより、世界を股にかけて活躍する企業にまで成長することができたのだと述べている。つまり、カイハラブランドは希少性、模倣困難性、代替の困難性を有しており、カイハラにとって価値ある経営資源、つまり競合他社に対して競争優位性を持つコア・コンピタンスとなっているのである。

　伊部（2009）[48] によると、企業がブランドを構築することは消費者にとってブランドへの安心、信頼機能、ステータスや満足感、自己表現機能、選択時間短縮機能を享受できるというメリットがあるだけでなく、企業にとっても出所表示を行うことによる責任所在の明確化機能、品質保証機能、製品差別化機能、顧客ロイヤルティーの獲得機能、証票法による保護機能を享受できるというメリットがある。つまり、企業が強力なブランドを構築することは企業と消費者の双方にとってメリットとなり得るのである。また、ブランドのもたらす消費者と企業間の信頼関係構築に与える効果は非常に大きいと考えられる。

この点については内田（2009）[49]も「ブランドとは信頼関係の上に成り立つものであり、企業が思い描くブランドと消費者が認識するブランドとの間にギャップがあってはならない」と述べている。企業がブランドを構築し、消費者との間に信頼関係が構築されることにより、Aaker（1994）[50]が「新しい顧客を誘引するよりも顧客を捕まえておく方がはるかに安くつく」と指摘するように顧客獲得にかかるコストを抑制することができる。確立されたブランドを所有している場合は既存の顧客の購買行動によって商品に対する安心感や信頼を醸成し、これによって購買意欲を掻き立てられた新規の顧客を企業からのアプローチなしに獲得できる。このように、企業にとってブランドを確立していくことは既存顧客の商品・サービスへのコミットメントを高めるとともに、新規の顧客を獲得することが可能となるため、特に大企業に比べて経営資源の乏しい地域企業にとっては確立されたブランドによる顧客増加とそれに伴う市場シェアの拡大は市場における競争優位性を獲得するために非常に重要であると言える。

　本研究の対象である地域企業のブランド確立のためには、その役割からも明らかな地域との密接な関わりを重視したコア・コンピタンス、ブランド構築を行う必要がある。大企業に比べて資源（人、モノ、金、情報）が乏しい地域企業では、カイハラのように大企業にはない特定の地域が保有する地域資源を活かしたコア・コンピタンスやブランドの構築を行う必要がある。具体的には伊部（2009）[51]が指摘する4つの段階に応じたブランド作りが有効であると考えられる。伊部によると、地域企業のブランド構築には第

1 段階として、セグメンテーション、ターゲッティング、ポジショニングをしっかりと行い、競合のブランドとの差別化を行い、第 2 段階で差別化されたブランドを消費者（特に地域住民）に認知してもらい、第 3 段階で地域の消費者による当該ブランドの購買機会を増大させ、第 4 段階でブランド・ロイヤルティを確立することにより、地域ブランドが確立されていくとしている。Aaker（1994）[52] によるとブランド・ロイヤルティとは消費者がブランドに対して持つ執着心の度合いを意味する。地域企業は地域資源を活かしたブランド化を図ることによって消費者のブランド・ロイヤルティを得ることができ、これがコア・コンピタンスとなり、さらに自社製品に消費者を惹きつけることができるようになる。

　これにより資源の乏しい地域企業であっても競争市場における競争優位性を得ることが可能となるのである。

3) 地域企業のビジネスモデルと外部環境

(1) 地域企業を取り巻く外部環境とビジネスモデル

　これまでは、地域企業が顧客という外部の存在に価値を提供するまでの組織内部の仕組みや活動について言及してきた。しかし、地域企業は地域の中で外部環境への様々な対応にも迫られる。そこで、これからは地域企業が外部環境を積極的に捉え、活用することによって、変化の激しい外部環境を弱みとするのではなく強みに変えていく必要性について論じていきたい。

(2) 業界を超えた地域企業ネットワーク

　限られた自社資源の中で、効率的かつ有効的に自社の内部資源に集中特化する必要性のある地域企業において、外部とのネットワークを有効に活用することの重要性はこれまでも議論されてきた。企業を組織単位で捉えその間における関係性において、今井・伊丹・小池（1982）[53] は、株式を持つ子会社の組織全体を「内部」と考え、その意味での内部組織としての企業の拡張の方向性として下図のようなモデルを示している。

　ここで注目すべきは、企業は水平的、垂直的及び多角的な方向に強い拡張をしてゆくが、日本の場合には今井・伊丹・小池（1982）が「純粋の『内部』ではないが、しかし下請け会社や系列会社の場合のように『準内部』ともいうべきものが存在している」と述べているように、企業組織の構成が自社の支社や工場といったつながりの強い内部組織のみならず、下請業者や生産者などの比較的つながりの緩い組織も「準内部」として企業経営に大きく関係していることである。

　つまり、地域企業においてもビジネスは企業単体で機能されるわけではなく、今井・伊丹・小池（1982）が主張する「準内部」にあたる企業間ネットワークの関係性によって機能していることになる。ではここで、企業における納入業者や卸業者のような垂直的ネットワークと同列企業間の横に伸びを見せる水平的ネットワークを構築する際に重要視されることは何かを検討したい。

図1-5　日本型企業における市場構造と企業組織

市場構造と企業組織　日本型企業

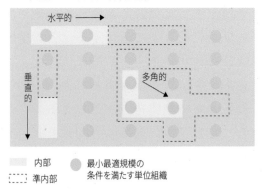

出典：今井・伊丹・小池（1982）、pp. 38-39。

　垂直的なネットワークに関しては、日本の中小企業にお
ける自動車産業が挙げられ、その垂直的なサプライヤー・
システムが国際的な競争力に貢献してきたと一般的に考え
られている。酒向（1998）[54] によると、このような垂直的
なネットワークを構築する際には、3つの信頼が重要であ
るという。その3つとは、「約束厳守の信頼」、達成される
べきプロフェッショナルな標準となる「能力に対する信頼」、
非限定的なコミットメントであり、取引パートナーが明白
に約束された以上の新たな機会の開拓を積極的に実施する
という期待である「善意に基づく信頼」の3つであるとし
ている。そして、3つのタイプの信頼性は相互補完的な役
割を果たしているとしている。この信頼性が中核企業とサ
プライヤーの中で醸成されることで、長期的な取引継続に
つながっていくのである。これに関連して、浅沼（1998）[55] は、
中核企業とサプライヤーが長期的な関係性を保っている場

合には、ある時点で関連サプライヤーは中核企業から高い評定を得て、さらに持続的に評定を得る必要があるとしている。その際に、優れたサプライヤーであると評価される基準には、品質保証に関する高い信頼性と納期厳守に関する高い信頼性があるとしている。これらのことから、企業がネットワークを構築できる要因として、協働に値する技術や能力を保持していることは言うまでもなく必要条件であるが、さらに「信頼」というモラルに関することが長期的な関係性を構築するにあたって決定的要因となってくることが分かるだろう。

　また、水平的なネットワークの在り方としては、金子（1986）[56] が中小企業の黎明期におけるネットワーク論を提唱している。そこで彼は、資源的には大企業には劣ってしまう中小企業が水平的なネットワークを構築することによってその弱みを強みに変えることができる可能性を示唆している。彼によれば、規模の小さな企業体には自立性という特徴があり、さらに何か大きなエネルギーを感じられるのはネットワークが単に効率を生むマシーンとして使われているのではなく、関係者一人ひとりが自主性の力、自己表現の意欲を具現化するステージになっているためというのである。さらに、ネットワークには競争と共有のジレンマが絶えず付きまとっているが、ジレンマこそがネットワークの最大の財産となるという。つまり、メンバーが常に競争と協調というコンフリクトにさらされているために緊張感が持続し、コンフリクトを乗り越えようとする工夫と努力が活力を生むようになるというのである。地域企業はこの水平的ネットワークのメリットを最大限に活用するこ

とで、相互に切磋琢磨しながら自社の存在感をアピールしていく必要があるだろう。その地域企業のネットワークは、企業の営みとともに地道に構築されていくものである。ゆえに、ネットワークは地域企業の日々の営みから無意識に生じている可能性も大いに考えられるため、日頃から地域的「信頼」を組織外の同業他社、業界を超えた人々と構築していく必要性があるだろう。

(3) 顧客とのネットワーク

　ビジネスモデルを設計するにあたって忘れてはならない存在が顧客である。ビジネスモデルの最終目標が顧客に新たな価値を提供することである以上、企業を取り巻く顧客の行動や声に耳を傾ける必要がある。國領（1999）[57] は、ネットワーク化が進むにつれて、オープン・アーキテクチャ戦略の価値創造の輪に参加する主体が産業側にいる企業だけでなく、消費者にまで広がってきていると述べている。さらに、企業と顧客との双方向的なネットワークの重要性はこれまでも論じられてきたが、國領は、情報化が進む環境の中で相対的に重要度を高めているのが顧客間インタラクションから生成される様々な事象であると述べている。そして、企業にとって顧客間インタラクションが無視できないのは、それが顧客の購買にあたっての情報収集や購買後の満足度につながっていくからであるとしている。つまり、インターネットや情報技術の発展に伴い、顧客側も企業に勝るとも劣らない情報を保持するとともに、情報を共有し合っているため、顧客までもが価値創造に参加しているということである。確かに近年、顧客間インタラクショ

ンの分かりやすい事例として「口コミ」があるが、企業にとって「口コミ」の効果は絶大なものであり、そこから得られる情報や価値観をもはや企業は無視することはできないだろう。しかし、地域企業において顧客間インタラクティブが促進されるということは、これまで以上に地域外に自社の提供する価値の良さが広まるスピードや情報量が増加するというメリットにつながる。一度ビジネスが成功すれば瞬く間に地域を超え、日本ひいては世界に自社の提供する製品・サービスまたは自社ブランドが広まってゆくことになる。プラスのイメージが顧客の中で形成されれば、地域企業といえども世界で活躍することができる可能性がある。しかし、裏を返せばネガティブなイメージが形成された場合には地域企業のイメージを取り戻すことは難しくなるというデメリットを抱えているという点を忘れてはならない。地域企業は、規模が小さいがゆえに小さなマイナス要因が倒産につながる危険性が高いからである。よって、地域企業は顧客間インタラクティブを有効活用していかなければならない。

　また、地域企業においては、顧客とのインタラクティブを形成しやすいだろう。というのも、地域に精通した企業家がその土地のネットワークを巧く活用することによって地道に身近な顧客との価値共有空間を形成していくことが可能であると考えられるからである。しかし、既存の顧客に耳を傾けると新しい事業の芽が摘み取られてしまう恐れがあると加護野・井上（2004）[58] は述べている。つまり、既存顧客の意見ばかりに集中しすぎると新規的な事業の創造への発想の転換が向かなくなる危険性があるということ

である。これは、ブランドの形成においても同じような議論がなされる場合があるが、地域企業においては、既存地域の顧客を大事にするだけでなく、時には新規顧客としての「外」の視点を取り入れることで新たなビジネスモデルの発想が生まれてくるからである。

(4) 地域企業を取り巻く諸制度への対応

　地域企業は自社が保有するコア資源を有効的に活用するとともに、企業を取り巻く諸制度との関わりのなかで成長しなければならない。しかし、一概に制度といっても制度の性質はさまざまである。内田（2009）[59]は Porter（1992）[60]が提唱した産業クラスター論における政府の役割を分析している。ここで産業クラスターが成長するための熟練した労働力の多さや、インフラの充実度を示す「要素条件」における政府の役割には「教育政策、科学技術政策などの国際競争力のための基礎的な政策支援が含まれている」と述べている。ここで内田が述べる制度とは、企業のコア資源を助成、育成する性質を持つと捉えることができ、地域企業に置き換え検討すると、国の中小企業に関する支援政策が当てはまる。中小企業庁の「中小企業施策総覧」[61]によると、中小企業庁としては主に「経営サポート」「金融サポート」「財務サポート」「商業・物流サポート」などの支援策に取り組んでいる。例えば、「経営サポート」分野における「新たな事業活動支援」として「各地域の『強み』である産地の技術、地域の農林水産品、観光資源等の地域資源を活用して新商品や新サービスの開発・市場化を行う中小企業者に対して、『中小企業地域資源活用促進法』に基づく支援

の他、様々な支援を展開する」ことを目的とする「地域資源を活用した取組」がある。この支援策の中では試作開発等に関する補助金、設備投資減税、専門家によるアドバイスなどのメリットを、認定を受けた企業が受けられる。

　しかし、全ての政策が企業の成長を促進するわけではない。金（2002）[62]は韓国の半導体産業の複雑な変化を、「コア資源が蓄積されても外部の諸制度や制限によっては企業の競争優位を発揮できない可能性もある」と指摘し、RBV論と制度論を関連付けて分析している。地域企業においても制度や政策は、性質、企業への影響の強さによって、事業の促進につながる場合もあれば、逆に課題を与える場合も考えられるだろう。金（2003）[63]が半導体産業を分析する中で「企業の持続的競争優位の源泉を説明するには、既存の制度論で議論されてきた制度の規則性、規範性、認知性が変遷していくことによって、企業のマネジメントもそれに反応し、変化していく過程を検討する必要があるのではないだろうか」と主張しているように、制度や規制が地域企業マネジメントに大きな影響をもたらすことを留意する必要がある。

5　地域企業における組織学習

1) 組織学習とは

　寺本（1993）[64]によると、学習には「認知」の側面と「行動」

の側面がある。このうち「認知」は「知識の利用と獲得過程」（加護野、1988）[65] であり、「主体がものごとについて何かの情報を獲得し、それについての理解の枠組み（知識体系）から、その意味を解釈すること」（寺本、1993）[66] と定義されている。すなわち、認知とは情報を処理する主体が外部から入ってきた情報を解釈し、独自の認識枠組みに基づいて自分のものとしていくプロセスであると言える。この「認知」というプロセスには、学習のもう1つの側面である「行動」が欠かせない要素である。なぜならば、学習によって得られる創造性、すなわち新たに作り出される知識は「個人と個人の『関係』、個人と環境の『関係』」（伊丹・西口・野中、2000）[67] から生まれるものであり、そういった関係性は実際に行動に移すことなしには形成することができないものだからである。換言すると、知識とは本質的に他者との関係性の中で構築されるものであると言えるだろう。

　野中（2003）[68] は、学習には「個人レベル」、「集団レベル」、「組織レベル」、「組織間」の4つの階層があると指摘し、組織内における学習のメカニズムについて次のように体系化を行っている。野中によれば、組織が学習するプロセスには、個々人の暗黙知を共有する「共同化」、共有した情報をプロジェクトチームなどの「集団」が具体的な制度等の形（形式知）に落とし込んでいく「表出化」、それを更に組織全体で正当化していくための「連結化」、さらに共同化、表出化、連結化の段階までで形成されたものを具体的な形で実行に移し、組織の暗黙の了解としていく（暗黙知化していく）「内面化」の4つのステップがあるという。この4つのステップが組織内で繰り返されていくことによって、個人が得た

暗黙知が組織的に共有・実践・蓄積され、戦略の質が向上し、継続的に「組織的解釈モード」を進化させることができるのである（竹田、1993）[69]。このように考えれば、組織学習とは「組織」がもつ認識枠組みを通じてインプットされた組織内外の情報を解釈・蓄積し、それによって蓄積された知識をもとに認識枠組みを進化させ、再び組織内外に対しアウトプットする一連のプロセスであると捉えることができるであろう。

　しかし、経営資源の乏しい地域企業が集団的に組織知を構築する大企業に対して、どうすれば競争優位を確保できるのかという点に関しては、このモデルでは説明することができない。次項では、まず地域企業においていかに組織変革を行っていくのかについて論じ、その後地域の現状を踏まえた上で、地域企業が長期的に優位性を確立するために取るべき戦略について検討を行っていきたい。

2) 地域企業における組織学習

　組織が存在する環境として最も大きなくくりが社会である。金井（2006）[70] は、市場という環境領域以外の社会的な場が大きくなってきているため、従来の市場に関わる戦略のみならず、「社会に関わる戦略」も含めて検討する必要があると指摘している。すなわち、戦略を組織からのアウトプットの 1 つの手段であると考えるならば、組織学習とは「戦略」というツールを通して、社会との関わりを再構築するものであるということが言える。この視点は、地域

独自のニーズを発見しそれに答えるような事業を創造・展開し、地域の資源を活用することによって競争上の優位性につなげ、地域のネットワークを活用する連携戦略を取っているといった戦略的特徴を持っている地域企業にとっては極めて重要である（金井、2006）[71]。仮に、地域企業が地域との関係性を適切に構築することができなければ、地域にドメインを置くメリットが失われてしまう恐れがあるからである

　現在、多くの地域企業が経営的に苦境に陥っていることを考慮すると、地域企業はこういった地域特有の強みを活かしきれていないのではないかと考えられる。Argyris（1976）[72] は、学習には「シングルループ学習」と「ダブルループ学習」の２つがあり、組織が存続基盤を揺るがされるような危機に瀕した時には、ダブルループ学習が起こりうると述べているが、地域企業に今まさに求められているのはこのようなダブルループ学習をいかに組織的に起こすのかということである。

　金井（1987）[73] は、大企業においては組織変革の主な担い手はミドル・マネージャーであるのに対し、中小企業においては企業家自身が組織変革の担い手であると述べ、それを起こしていくためには、企業家自らが企業家的リーダーシップを発揮し、イノベーションを起こしていくためのダブルループ学習を誘発する必要があると指摘する。金井（1987）によれば、トップが現状に対して素朴な疑問を感じ、それをもとに新たなビジョンを創造する必要があるという。そして、そのビジョンをもとに対話・調査・実験を行う中で、反対や抵抗をまとめ、そのビジョンの意味合いが共有され、

コミットメントが高まり、新たな事業アイデアが創出され、イノベーションにつながっていくという。

　金井の述べるダブルループ学習は環境が変化し、それに応じて変化せざるを得ないといった環境決定論的なものではない。むしろ、積極的に組織と環境との間に不均衡を創造し、組織を新たなパラダイムに導くことで、新たな成長の原動力とするアプローチである。このような、安定期にあっても意図的に不均衡を創造するような意思決定モデルを「スパイラル型意思決定モデル」と言う（竹田、1988）[74]。寺本ら（1988）[75] によれば、組織は常に変化し続ける環境との間に整合性を構築しようとする一方で、「変化している環境が安定するのを待たずに、その時点の情報に基づいて、随時行動を起こし、必要に応じて修正をマネジメント」していく必要もあると述べている。すなわち、組織の「安定期」と「変革期」は明確に区別できるものではなく、企業家の認識しだいで変わりうるものであるということである。組織において既存の経営慣習が上手く機能しなくなる「戦略的分岐点」がいつであるかを認識し、行動に移すことが企業家には求められるのである（パンカジュ・ゲマワット、2002）[76]。企業家が変革期を認識した次に行うべきことは、ビジョンの明確化である。ビジョンとは組織がこうでありたいと思う姿のことである。金井（1987）[77] によれば、ビジョンと夢を分けるものは実現可能性であるという。たとえビジョン自体は立派でも、それが実現可能でなければ、組織の構成員を動機付け、新たな事業展開へとつなげていくことはできない。金井（1987）[78] によれば、組織の構成員の達成意欲を高め、シングルループ学習かダブルループ

学習になるかを左右するのは、このビジョンに革新性があるかどうかであるという。ビジョンが革新的であるかどうかを検討する際に重要な視点が、組織学習をどこで行うのかという点である。青島（2003）[79] は学習する「場」に関して重要なのは、そこで何を学べるのかであると述べている。すなわち、企業が学習の場を選択するということは、企業ドメインとしてどこを選択するのかという問題と密接に関わるものであると言えるだろう。山田（2006）[80] は、企業ドメインとは「企業の生存領域を示すものである」と述べ、ドメインの設定を通じて経営資源の配分を考え、どこで競争優位を獲得するのかという点について定める必要性について指摘している。言い換えれば、組織学習の場を選択するということは、組織が達成したいコンセプト達成のために組織の既存資源に意味を与え、それが有機的に機能するように組み合わせを考え、顧客に提供したい価値のうち不足している経営資源は何かを認識し、その獲得方法について検討することが、ここでいう学習の場の選択をすることであると解釈することができるだろう。

　しかし、前述したように、「学習」という行為から知識を創出していくためには、「行動」が必要不可欠である。企業家は自らが立てた明確なコンセプトのもと、事前に顧客がどのような価値を求めているのか調査・分析し、提供したい顧客価値を創り上げるため組織内の経営資源と組織外から得られる資源の組み合わせを考えた「仮説」を持って、「実験」を行う必要がある（伊丹・西口・野中、2000。及び青島、2003）[81]。この「仮説」は、コンセプトのもとに実行される「戦略」に該当するものであると思われる。なぜならば、戦略は、

自らが思い描くコンセプトを達成するためには何をどのようにすればどういった結果になるのかを予測しながら作成し、実際に行動に移すものであると考えられるからである。このように「企業側の意図を外部の行為主体に伝えて、どのような反応が生じるかを観察する手段」（青島、2003）[82]として「実験」を行い、意欲的に失敗し、コンセプト達成のために必要な資源を獲得する、あるいは既存の資源の組み合わせの強化・発展を図ることが組織学習においては極めて重要なのである。

3) 地域企業の持続可能な競争優位の構築に向けて

では、地域企業は地域においてどのような戦略をとることで、大企業や他の企業に対する競争優位を獲得しているのだろうか。地域企業の戦略を考える上で、最も考慮に入れなければならないのは「経営資源の不足」である。これが意味することは、地域企業は単独でコンセプトを達成していくことが難しく、前述したネットワークを用いて不足している経営資源を補完する必要があるということである（金井、2006）[83]。

では、地域企業はどのようにネットワークを構築するべきだろうか。その中核的な役割を果たすのが企業家であると考えられる。これまで地域企業は、歴史的に円高や経済のグローバル化の中で社会的な分業を行うことで、商品の高付加価値化とコストダウンに取り組んできた（清成、2010）[84]。しかし、地域内、あるいは日本国内で社会的分

業が進む中で、地域企業が海外や都市圏へと流出するようになってしまった。その結果、地域には優れた技術を持っているが、その活かし方を知らない企業が増加してしまい、それが地域内で同質化した商品間での価格競争を招いているのである（関、1995）[85]。言い換えれば、地域企業を活性化するためには、地域、日本全国、そしてアジアに散在する技術に価値を見出し、それに意味付けを行い、新たな顧客価値を創造できるような知識創造力を持った企業家活動が必要不可欠ということである。

　しかし、地域外部のネットワークに着目するだけでは地域企業の競争優位を長期にわたって維持することができないということは、RBVの議論で述べた通りである。長期存続のためには、組織内部にそれを活かせるだけの競合他社に対する模倣困難な知識的蓄積が必要不可欠である。日本の雇用システムに関して研究を行っている小池（1994）[86]は、日本型の雇用システムの強みは専門として長期雇用の中で様々な経験を積むことで個人及び組織に蓄積される「不確実性への処理能力」にあると述べている。つまり、日本企業の強みは不確実性への対応能力という無形の「知識」的な基盤が構築されていることであると言えるだろう。

　この点は、不確実性の中でイノベーションを行う必要のある地域企業にとって極めて重要な視座であると考えられる。従来までのイノベーション論では、研究開発費に多額の資金を投資し新技術を開発することによってイノベーションが起こるとされてきた。しかし、「知識」に基づくイノベーションは技術の持つ「意味、価値」の深掘りによるイノベーションである。このイノベーションでは、抜本的

な新技術の開発の必要性がなく、地域企業がすでに所有している コア技術を部分的に組み換える形で新規分野への進出が可能になるため、コストの面からみてもリスクが比較的低く、また技術の持つ意味から深掘りをするという作業を経ることで組織の内的な合意形成がとりやすい。

　以上のことからも、地域企業は技術的に優位な立場に立つことを考えるというよりも、まず地域・顧客に対してどのような価値を提供できるかを考えなければならないことが分かるだろう。また、このようなイノベーションへのアプローチの仕方は「地域特有のニーズに応える」という地域企業の戦略的な特徴にも合致するものであり、合理的な手法である。地域で集中的に活動できるメリットを活かして大企業より地域や顧客との多くの接点を持つことで、地域や顧客のニーズに対していち早くより多角的な視点から分析することが可能になり、それに基づいた製商品開発を行うことが可能になるのである。

　しかし、近年では従来地域企業が強みとしてきた地域や顧客との接点の豊富さが、地域の人口減少や全国展開や海外進出を果たそうとする中で失われつつある。問題は、これまで地域企業は顧客や地域との強いつながりからリッチな情報を得ることによって大企業に対する優位性を確保していたにもかかわらず、大企業と同じような接点の持ち方をすることでその優位性が失われているということである。清成（2010）[87] が地場産業に関して、流通を介して客観化されたデータを基にした大量生産を行う「メーカーもの」から、受注生産、生産者と消費者の直接的な結びつきである「里もの」、消費者と生産者の間に流通が入った「産地も

の」への見直しが必要であると説いているように、地域企業は自身の強みである顧客や地域との間にある多くの接点及び直接的な関係性を持つことによって地域企業であることの強みを発揮しなければならない。

　また、この直接接点を持っているという強みを活かしていくためには、中小企業の社会的分業体制についても再検討を行う必要がある。前述したように、これまで地域企業は歴史的に円高や経済のグローバル化の中で社会的な分業を行うことで、商品の高付加価値化とコストダウンに取り組んできた（清成、2010）[88]。しかし、これらの現象を組織学習や顧客との接点という観点から考えれば、顧客との対話の場・機会が失われてしまう恐れが存在することが分かる。また企業にとって、自社の立場からすれば製造というビジネスモデルの一部しか担っていないつもりでも、顧客はビジネスモデル全体から企業が提供する製商品価値全体を総合して厳しい判断をする。もちろん、地域企業においてすべての業務を自社で賄う必要は必ずしもない。むしろ、できることが限られているからこそ、自社が届ける価値のコアとなる部分を見極め、集中的に資源を投入することによって優位性を確立することができる。その他、自社で賄え切れない業務については、シナジー効果が発揮できるパートナーとの協力関係を構築することで積極的にアウトソーシングをするべきである。したがって、地域企業が顧客に対してより優れた価値を提供するためには、これまでの地域企業が提供してきた価値の部分最適化と同時並行的に、顧客に届くまでの過程を含めた全体最適化の考え方が必要である。また、それを実現させるためには他企業と

のネットワークを強化し、これまでの企業間関係をさらに
発展させていけるような形でマネジメントをしなければな
らない。

　以上で述べてきたように、地域企業が地域において優位
性を確保できる要因は、経営資源の少なさゆえに生じる顧
客・技術・環境との直接的かつ数多くの交流機会が、地域
企業に対してリッチな情報を与えるからであり、それが知
識イノベーションを行う際の良質な条件となることにある
と言えるだろう。

<table>
<tr><td>6</td><td>先行研究の総括</td></tr>
</table>

　本節では、先行研究の総括を行うことにし、次章のフレー
ムワーク提示につなげていく。

　本研究では、中・小規模の地域企業を研究対象としてい
るが、その中には創業者の家族が代々受け継いで企業を経
営したり、複数の家族構成員が経営に積極的に参加したり
するファミリー企業が多い。ファミリー企業は比較的規模
が小さいケースが多く、意思決定の速さや組織内部におけ
る自社アイデンティティの浸透性の面で優位であり、事業
活動においては俊敏性があり組織力も強い傾向がある。そ
の反面、存続と成長のために解決しなければならない様々
な課題も潜在している。例えば、企業を継承する時期にお
ける経営者と後継者との葛藤や、企業内部及び外部との
ネットワーク構築における問題である。我々は、このよう
な課題を解決することによって、イノベーションを主導し、

ビジネスモデルを構築する主役として企業家を取り上げている。

　地域企業の企業家がイノベーションを創出するためにはどうすればよいのであろうか。先行研究でも述べたように、企業家には革新的意識を持って現状に満足せず、地域独自のニーズを発見し、地域資源を組み合わせて活用できる能力が求められる。また、そのためには、企業内部及び外部の利害関係者と積極的にネットワークを構築することによって戦略的連携を結んでいく必要がある。このような過程において重要なのは、失敗を恐れずにむしろその失敗から得た知識を次の成功に活かそうとする学習の精神を企業内に根ざすことである。

| 図1-6 | 先行研究の総括 |

出典：Illustration by Joon Moon M. D.

　企業家はこのような一連の活動を通じて、ビジネスモデルをデザインしていく。Afuah（2003）は、ビジネスモデル

を「お金の儲かる仕組み」と捉え、顧客に価値を提供する仕組みだけでなく、経済的に利益を得ることのできる側面を裏付けて議論している。つまり、戦略と収益性の関連性に焦点を当てている。それから、企業の収益性に影響を与える業界圧力としては、競争圧力、協調圧力、マクロ環境を挙げており、企業特有の要素としては、ポジション、活動、資源を挙げている。ここで、業界圧力の要素は企業外部からの影響であり、こういった要素は、企業家が外部とどのようなネットワークを構築するかによって脅威にもチャンスにも変わりうる。一方、企業特有の要素には企業内部で決定される要素が多く、それらを競争優位性のあるものとするためには企業家のマネジメント能力が要求される。

　地域企業の企業家がビジネスモデルを考える際に重点を置くべきものとしてコア資源を取り上げているが、大企業に比べて量的に経営資源が乏しい地域企業がより効率的かつ効果的にビジネスモデルを構築していくには、地域に散在している資源や企業内部の経営資源を活用したり開発したりしてそれらを組み合わせていく必要がある。また、このようなコア資源を、誰にいつどのような価値として提供するかを考慮しなければならない。地域企業が地域に秘められている独特なニーズを認識し、その地域のニーズを満足させていくためには、業界を越えたネットワークを構築することで模倣困難で、差別化された価値を提供するために工夫していく必要がある。

　このように地域企業は地域資源を活用し、特定の地域のニーズを満たすことによって、収益性を創出すると同時に地域の産業及び経済に貢献していく。そしてこれは、地域

の顧客に信頼と安心、満足感を与えるようになる。言い換えると、地域の資源やニーズを重視したビジネスモデルの構築はブランドの構築につながるのである。先行研究においても踏まえてきたように、地域企業がブランドを構築するためには、セグメンテーションとポジショニングをしっかりと行い、差別化されたブランドを地域顧客に広く伝えたり、ブランドの購買機会を増やしたりすること、ブランド・ロイヤルティを確立することが求められている。

　今まで述べてきたように、経営資源が劣っている地域企業において、儲かる仕組みであるビジネスモデルを構築するためには、幅広いネットワークを構築・活用していかなければならない。また、ネットワークを構築し、イノベーションを創出するためには企業家の革新的な姿勢とリーダーシップが不可欠である。特に企業内に失敗を恐れない雰囲気を醸成すること、経営チームが意思交換を行う場を設けて学習の場として活用することによって、地域企業に潜在する課題を解決していく必要がある。

　次章以降は、これまでに取り上げてきた先行研究をもとに、地域企業のビジネスモデル及びイノベーション創出過程を分析するためのフレームワークを提示していく。

1　大東和・金・内田（2008）p. 20。

2　J. Child（1972）。

3　Drucker P. F.（1985）小林宏治監訳、p. 47。

4　金井（2006）pp. 265-293。

5　下野（2009）pp. 43-60。

6　Christensen C. M.（1997）玉田俊平太監修、伊豆原弓訳。

7　Christensen C. M.（1997）pp. 1-20。

8　Christensen C. M.（1997）p. 199。

9　Tony Davila, Marc J. Epstein and Robert Shelton（2006）矢野陽一郎訳、p. 288-289。

10　日本経営合理化協会経営コラム「欧米の資産家に学ぶ二世教育」。

11　後藤（2005）p. 205。

12　大橋・小田・G. シャンツ（1995）pp. 17-19。

13　ダニー・ミラー、イザベル・ル・ブレトン＝ミラー著、斉藤訳（2005）pp. 56-57。

14　朱炎（1995）pp. 54-63。

15　末廣（2006）pp. 28-29。

16　安部（2006）pp. 25-64。

17　いわゆる専門経営者を指す。

18　Useem M. 著、岩城・松井監訳（1986）pp. 106-108。

19　米倉（2003）p. 189。

20　J. A. シュンペーター（1998）p. 156。

21　角田（2002）。

22 ドラッガー著、小林監訳（1985）p. 351。

23 金井（2008）p. 93。

24 若林（2009）p. 275。

25 若林（2009）pp. 256, 275-292。

26 ジョン・P・コッター（1999）pp. 179-180。

27 ジョン・P・コッター（1999）pp. 181-182。

28 鄭昇和（1999）p. 661。

29 加護野・石井（1991）pp. 161-162。

30 加護野（1999）p. 47。

31 加護野・井上（2004）p. 37。

32 加護野・井上（2004）pp. 47-49。

33 國領（1999）p. 26。

34 Allan Ahuah（2003）p. 2。

35 Porter, M. E.（1980）土岐坤・中辻萬治・服部照夫訳、
p. 17-54。

36 大東和・金・内田（2008）pp. 22-23。

37 C. K. Prahalad and Gary Hamel（1990）pp. 136-155。

38 Jay. B. Barney著、岡田訳（2003）pp. 250-290。

39 Allan Ahuah（2003）pp. 110-128。

40 伊丹・軽部（2004）pp. 20-38。

41 伊藤・須藤（2004）p. 14。

42 C. K. Prahalad and Gary Hamel（1990）p. 143。

43 Allan Ahuah（2003）pp. 110-128。

44 Jay. B. Barney（2003）pp. 205-290。

45 小川（1994）p. 15。

46 伊部（2009）p. 73。

47 猪口（2008）pp. 81-113。

48 伊部（2009）pp. 78-79。

49 内田（2009）p. 183。

50　David. A. Aaker著、陶山・中田・尾崎・小林訳（1994）
　　p. 63。

51　伊部（2009）p. 80。

52　David. A. Aaker（1994）p. 53。

53　今井・伊丹・小池（1982）pp. 38-39。

54　酒向（1998）pp. 93-96。

55　浅沼（1998）pp. 22-23。

56　金子（1986）。

57　國領（1999）p. 22。

58　加護野・井上（2004）pp. 267-270。

59　内田（2009）pp. 53-56，59。

60　Porter M. E.（1990）土岐・中辻・小野寺・戸成訳。

61　中小企業庁（2011）pp. 33-43。

62　金泰旭（2002）p. 140。

63　金泰旭（2003）p. 41。

64　寺本・中西・土屋・竹田・秋澤（1993）p. 18。

65　加護野（1988）p. 60。

66　寺本・中西・土屋・竹田・秋澤（1993）p. 19。

67　伊丹・西口・野中（2000）pp. 45-46。

68　野中・竹内著、梅本訳（1996）pp. 105-109。

69　竹田（1993）pp. 71-136。

70　金井（2006）pp. 265-293。

71　金井（2006）pp. 265-293。

72　Chris Argyris（1976）pp. 363-375。

73　金井（1987）pp. 32-42。

74　竹田（1993）pp. 137-204。

75　寺本・中西・土屋・竹田・秋澤（1993）p. 191。

76　パンカジュ・ゲマワット著、大柳訳（2002）pp. 168-201。

77　金井（1987）pp. 32-42。

78　金井（1987）pp. 32-42。

79 青島・加藤 (2003) pp. 147-179。

80 山田 (2006) p. 62。

81 伊丹・西口・野中 (2000) pp. 45-46、及び、青島・加藤 (2003) pp. 147-179。

82 青島・加藤 (2003) p. 163。

83 金井 (2006) pp. 265-293。

84 清成 (2010) pp. 145-164。

85 関 (1995) pp. 25-26。

86 小池 (1994) pp. 1-20。

87 清成 (2010) pp. 145-164 。

88 清成 (2010) pp. 145-164 。

第 2 章

本研究における分析

第2章　本研究における分析

1　分析フレームワークの提示

　前章では、地域企業の特徴と地域企業に求められる企業家の役割を探るための先行研究を行った。その結果、企業家は革新性を持って、イノベーション創出のために必要な資源を内部及び外部とのネットワークを構築することによって獲得していく必要があることが分かった。またそのために、企業家はリーダーシップを発揮し、学習の場を設ける必要性があることも明らかになった。このような企業家の役割は、ビジネスモデルの構築へとつながり、これによって収益性が創出されるようになる。さらには、構築されたビジネスモデルを顧客がどのように受け入れるかによってブランドにも影響を与える。

　本章では、上記の論理をもとに、ファミリー企業が目まぐるしい経営環境の変化に対して、どのようにビジネスモデルを構築・変革していくのか、また企業家の役割は企業の長期存続とどのような関係を持つのかを分析するためのフレームワークを提示する（図2-1）。

図2-1	地域企業におけるビジネスモデル・イノベーションの分析 フレームワーク

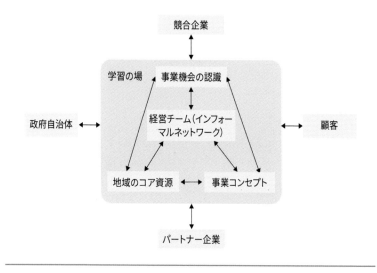

出典：筆者作成。

　フレームワークは、企業家活動の４要素と、企業のビジネスモデル構築に影響を及ぼす４要素によって構成されている。企業家活動の各要素は、金井（2002）[1]が提唱する「起業家活動の要件とプロセス」の要素である「起業家」「起業機会の認識」「事業コンセプトと計画」「資源」と通じるところが多い。各要素について説明すると、「起業家」は創業する機会を認識し、それに必要な資源を考えながら事業コンセプトを計画していく主体である。本研究では地域企業、特にファミリー企業を研究対象としているが、このような企業は長年事業を継承しながら環境の変化を受けて新しく事業機会を認識していくこと、企業家の独断ではなく複数の同族経営陣が意思決定に参加していることに着目し、ビ

ジネスモデルを構築する主体は「経営チーム」とする。つまり、ファミリー企業においては複数の家族が直接的、または間接的に意思決定に関わっている場合が多く、家族であるために普通の企業に比べて互いに紐帯関係が強いという特徴がある。

　それでは、「経営チーム」は組織内外においてどのような役割を果たし、ビジネスモデルを構築していくのだろうか。1つ目は、現状への不満や疑問を始点とする「事業機会の認識」である。前述したように、本章では長年に渡って環境の変化に対応しながらビジネスモデルをイノベーションしていくファミリー企業に焦点を当てているため、「起業機会の認識」を「事業機会の認識」に入れ替える。金井（1987）[2]によると、こういった不満や疑問は、「専門家や業界の常識にはとらわれない素人の素朴な疑問」から生まれるが、地域企業においてそのトリガーとなりうるのは、地域内外で培ってきた業界内・外の信頼に基づく地縁的・家族的ネットワークである。特に、業界の壁が融解しつつある現在において、このような業界を超えたネットワークの重要性はますます高まっている。なぜならば、そういった業界を超えたネットワークは既存の業界にとらわれている自社の壁を打ち破り、長い間保ってきた「当然」を疑い疑問や課題を認知する契機となるからである。

　ただし、事業機会の認識は漠然としたアイデアに過ぎない。このアイデアを事業として成立させるためには「どのような顧客価値を（What）」「誰に（Who）」「どうやって（How）」届けるかという事業コンセプトを設定しなければならない。事業コンセプトを考える上で重要なのは革新性

である。事業コンセプトが明確かつ革新性があると、それを達成するために必要な経営資源と現有している経営資源とのギャップを埋める力、つまり、経営チームが認識した事業機会を事業として成立させるための学習エネルギーがより積極的に起こり、それに関連する知識が蓄積されることによって模倣困難なコア資源が開発される可能性が高まる。つまり、事業コンセプトに革新性があるかないかによって、組織に革新を起こすダブルループ学習となるか、既存の環境との間に整合性を構築するシングルループ学習となるかが決まる。特に地域企業は、不足している経営資源を地域のネットワークを活用して補完・獲得し、コア資源の形成に活用するという特徴を持っているため、「資源」を「地域のコア資源」に入れ替えている。

　また、事業機会を認識し、地域のコア資源をどのように組み合わせるのかによって事業コンセプトも変わってくるが、地域企業の経営チームは何を誰にどのように売るかを考える事業コンセプトを最初から新しく計画するというよりは、昔からの事業コンセプトを必要に応じて補完及び変更していくため、理解しやすくするために「事業コンセプト」と設定している。

　このように経営チームは事業機会を認識したり、地域のコア資源を活用したりすることによって事業コンセプトを設定し、ビジネスモデルを構築していく。そして次なるステップとして、経営チームは事業コンセプトをもって組織内外のステークホルダーを説得し、事業コンセプト達成に向けたプランに巻き込んでいく必要がある。ここからは経営チームの「コミュニケーション能力」が問われることに

なる。

　まずは内部におけるコミュニケーション能力である。前述したように経営チームは複数人で構成されるため、企業家の独断ではなく同族経営陣がチームになって話し合いながら意思決定をする場合が多い。例えば、鄭（1999）[3] は、ファミリー企業がビジネスアイデアを共有し、成長戦略を論議し、互いに学び合うためには家族協議会を活性化させる必要があると主張している。企業経営に参加する同族経営陣は価値観が様々であり葛藤と判断の差が生じる。しかし一般企業とは異なり、縁を切ることができない家族関係であるため、良い関係を保っていかなければ葛藤は長期間企業内で続いてしまう。このような危険を未然に防止するためにも家族協議会は重要な仕組みとなる。また経営チームは、チーム内はもちろんのこと幹部クラスから生産現場まで幅広い従業員に対し、事業を円滑に進行させるために自社の事業コンセプトやビジネスモデルを周知させる必要がある。経営チームが従業員にどのようにコミュニケーションをとるかも重要な指標である。

　よって本研究においては、後継者育成や経営方針の策定に関する経営チーム内での対話や、経営チーム外の従業員との意思疎通、さらには外部ネットワークを構築しているパートナー企業との接点などを設ける機会を学習の場として設定する。

　それでは、企業内部のコミュニケーション成果が企業外部の主体にどのように伝わっていくのか、また、逆にビジネスモデルを構築するにあたって企業外部の主体からはどのような影響を受けるかについて考察していく。

本フレームワークにおいては、組織外部のステークホルダーとして「パートナー企業」、「競合企業」、「政府・地方自治体」、「顧客」を挙げている。まず「パートナー企業」とは、企業が顧客まで価値を届ける過程、すなわち製商品・サービスが顧客に提供されるまでの一連の流れにおいて直接的な関係性を持つ企業であると定義する。ここでいう関係性とは、自社とパートナー企業のコア資源をいかに組み合わせていくのかということである。ただし、パートナー企業との間には一定の緊張関係が存在することに注意しなければならない。すなわち、パートナー企業とは相互に経営資源を補完していくが、環境の変化によって自社のコア資源が競争優位を失うとパートナー企業が主導権を握るようになるかもしれないということである。このような危機を防ぐためには、経営チームが常にコア資源を革新し続ける投資を怠ってはならない。そして、新たな事業機会を認識した際に、パートナー企業に対して互いのコア資源を組み合わせた新事業を提案できる「プロトタイプ創出機能」を持つ企業となる必要がある。

　次に「競合企業」は企業の収益に対して直接的、または間接的な影響力を持つ企業であると定義する。具体的には、業界内部の他企業、代替商品を提供する企業、さらには将来的に脅威となりうる新規参入の企業が含まれるものとする。競合企業は、定義でも触れたように企業の収益性に大きな影響を与える。言い換えると、収益性を創出するビジネスモデルに負の影響を与える企業であり、企業の存続において脅威となる企業のことを指す。しかし、競争は悪い側面ばかりではない。確かに競争は収益性を考えたときに

必ずしもプラスに機能するわけではないが、反対にその競争圧力があるからこそ組織学習が促進されるという効果も期待できる。競争が激しければ激しいほど新たな経営資源の獲得の必要性が高まり、組織の構成員は危機感を感じるようになることで、ダブルループ学習を生み出す可能性が生じる。そういった面では、経営チームは自社のコア資源の競争優位性を高めるために、業界のどこに自社をポジショニングするかが非常に重要となってくる。

　「政府・地方自治体」は企業にとって、コア資源を助成・育成するチャンスにもなれば、反対にコア資源の競争優位性を脅かす場合もある。それゆえ、地域企業の経営チームは、地域の制度をしっかりと把握し活用することによってビジネスモデルを強化するとともに、コア資源の優位性が根幹から揺らがないよう制度の変化に対応できるビジネスモデルを構築する必要がある。

　最後に地域企業と顧客との関係性について述べていく。本研究では、顧客は「企業と相互に学習し合う存在である」と定義する。顧客は企業の製商品・サービスの活用を通してそれらの知識を蓄積していくが、顧客が製商品・サービスを使用する中で得られる知識は企業にとって既存の製商品・サービスの改善点を認知させるものであるとともに、新たな事業機会を認識する契機ともなりうる。また、企業と顧客のインタラクティブの中で蓄積される知識をフィードバックし顧客の期待を裏切らないものとすれば、企業に対する信頼が構築され、結果としてブランドの確立につながる効果も期待できる。このブランドは新たな顧客を獲得する際の武器となる。企業は顧客に対して自社ブランドに

接する機会を増やしたり、新ブランド創出についてのアイデアを獲得するためにビジネスモデルを構築するプロセスに顧客を巻き込んだりするようになった。言い換えれば、顧客との相互関係もビジネスモデルの一部になったのである。

　以上の説明から分かるように、ビジネスモデルは川の流れのような一方的な流れで構築されるものではなく、企業内外に存在する要素が互いに影響を与え、相互作用する中で生み出されるものである。ビジネスモデルにイノベーションを起こすためには、経営チームが革新性とリーダーシップをもって、環境の変化に応じて、あるいは環境の変化に先んじて自社のコア資源を軸に組織内外の多様なステークホルダーに働きかけ、新たな価値を創出していこうとする姿勢が求められる。そういった経営チームの企業家活動が地域企業の長年存続に寄与するのである。

　次章からは、本研究の分析フレームワークに沿って実際の企業の分析をしていく。

Endnotes

1 角田（2002）p. 62。

2 金井（1987）p. 35。

3 鄭昇和（1999）pp. 661-662。

第 3 章

事例分析

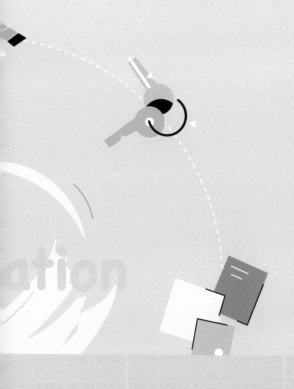

1　やまだ屋─宮島銘菓「もみじ饅頭」の老舗─

　　紅葉の名所であり日本三景にも選ばれている宮島は、全
国的に有名な観光地の一つである。島内には世界文化遺産
の嚴島神社があり、宮島観光の核となっている。2012 年に
は宮島に縁のある平清盛が NHK 大河ドラマとして放送さ
れ、観光スポットとして改めて注目を集めた。このような
美しい景観と深い歴史を有する宮島に訪れた人々が必ず口
にし、土産として購入する昔ながらの銘菓がある。それが
もみじの葉の形をした「もみじ饅頭」である。「もみじ饅頭」
は 100 年の歴史がある銘菓で、今では約 15 のメーカーがし
のぎを削る宮島だけでなく広島県を代表する土産品である。
本節で取り上げる株式会社やまだ屋は、創業 90 年の歴史を
もつ宮島銘菓「もみじ饅頭」の老舗のファミリー企業である。
現在は三代目が経営しており、もみじ饅頭の企業としては
業界 3 番手、宮島内では 2 番手につけている。本節ではや
まだ屋を分析しながら、三代まで続いてきた原動力を探っ
ていく。

1) 宮島の歴史

　やまだ屋を取り上げる前に、「宮島」と「もみじ饅頭」の歴史について振り返っておこう。宮島は広島県南西部に位置し、島全体を神様として崇めた島である。世界文化遺産である厳島神社は、1,400年ほど前に創建され、平清盛が生存した800年ほど前に今の形となった。平清盛と厳島神社の縁は深く、清盛は「厳島神社を造営すれば、きっと位階を極めるであろう」と夢枕に立った老僧からのお告げを受け止め、国宝として有名な平家納経を奉納するなど厳島神社を深く信仰していた。

　その当時は住民がほとんどいなかったが、これは島そのものが自然崇拝の対象という神聖なものであり、農業や漁業、住居の建設などができなかったためである。しかしながら、漁業や日宋貿易に関連して海上安全の祈願を目的に参拝に来る人が増えたことで、参拝客の世話をするために人が住み始めるようになった。

　江戸時代の宮島には、勤倹節約を旨とする芸州浅野藩の奉行所が置かれていたが、宮島は厳島神社のおかげで治外法権的な統治が行われていた。島であることから交通の便は非常に悪く、漕ぎ舟か帆掛け舟で渡るしかなかったため、参拝客は逗留が長くなる傾向があり、参拝客が泊ったり遊んだりするなどして盛況を極め、住民の暮らしも豊かであった。

　しかし明治時代に入ると、行政制度が改革され県政が施行された。江戸時代に住民が受けていた扶持[1]がなくなると

---

1)　主君から家臣に給与した俸禄。江戸時代には、一人1日玄米5合を標準とし、この1年分を米または金で給与した。(出典：デジタル大辞泉)

住民の生活は苦しくなり、1882年頃には不況のどん底で
あったという。

　宮島に再び活気が戻ってくるのは1885年後半以降に交通
網が整備されてからである。特に日清戦争、日露戦争の折
には多くの兵士が戦勝・武運長久祈願に厳島神社に参拝に
来た。このような参拝客の増加につれて、旅館や土産屋も
増加していった。

　1923年には宮島全島が国の史跡名勝に、1950年には瀬戸
内海国立公園に指定された。1996年12月には厳島神社が
ユネスコの世界文化遺産に登録され[1]、それを契機に海外か
らも観光客が多く訪れるようになった。

　厳島神社に参拝するという風習は400年以上にわたって
続いてきたもので、門前町もそれと時期をほぼ同じくして
形成されてきた。門前町で製菓屋を営んでいた店の内、最
も古いものは100年以上続いているという[2]。

2) もみじ饅頭の歴史

(1) もみじ饅頭の起源

　もみじ饅頭の起源は、宮島の老舗旅館である岩惣と、そ
こにお菓子を納めていた菓子職人の高津常助という人との
商品企画にまでさかのぼる。岩惣は、嘉永年間（1850-1853）
に紅葉谷に茶店を開いたのが始まりとされ、その後、地の
利と優れた経営で高級旅館として発展した老舗である。宮
島内でも一段と美しい紅葉谷公園に位置し、明治時代の高
貴高官も好んで宿泊していたという。菓子職人である高津

常助氏とは茶菓子の納品を通じて関わりを持っていた。その高津常助氏は柳井出身で、宮島に居を移し岩惣をはじめ錦水館など宮島の旅館に菓子を納めていた。1907年頃に岩惣が高津常助氏に宮島の美しい紅葉に因んだ「もみじの葉」の形をした菓子の製作を依頼し、茶菓子用として製造させた。これが「もみじ饅頭」の原型である。その後、1910年に意匠登録され販売が拡大した。なお、この当時から現存して残る菓子屋では、1907年頃から竹内紅葉堂の先々代とその息女が薄皮饅頭を、津田清風堂の先代が栗饅様をそれぞれ宮島饅頭と名付けて販売していた。

| 図3-1-1 | やまだ屋のもみじ饅頭 |

出典：やまだ屋のホームページ

　大正時代（1912）になると、来島客の増加に伴い土産品の販売も盛んになり、もみじ饅頭の商品価値や製造個数も増加していった。1921年頃からはもみじ饅頭を製造する店

舗も増え、松本吉三郎氏の松屋は大正12年に全国菓子品評会で表彰されている。その後も、もみじ饅頭を取り扱う店舗は増え続けたが、一部で「もみじ饅頭」の名称を使わず宮島饅頭として販売する店舗も見られるようになった。この時代に、高津氏と他の数軒の菓子屋の間で意匠登録が問題となり裁判となったが、1年後に和解が成立し、「もみじ饅頭」の名称が自由に使用されるようになった。そして、1932年に現在のやまだ屋、翌年にも木村屋など複数の製造元が創業した。

　もみじ饅頭の特徴は、各製造元が自家製餡を作っていることである。広島市内から生餡を仕入れるには交通の便が悪かったため、独自に製餡していたのである。しかし、機械のない頃の製餡は大変な労力を要するものであった。煉瓦造りの竈に1斗炊きの平鍋をかけ、水を張り、小豆を入れて松木大束で炊き上げた後、小豆を樽に移し、専用のゴム長靴を履いた上で足踏みし皮むきをし、最後に生餡に砂糖を加える段階で練り棒を使用して火詰をするという重労働であった。

　このような大変な工程があるにも関わらず、各製造元が競い合いながら製造技術を研鑽することで、宮島の銘菓として多くの消費者に知られる今日の「もみじ饅頭」がつくられてきた。

(2) 第二次世界大戦の影響

　戦勝祈願をはじめとして多くの人々が参拝に訪れ、もみじ饅頭の販売も順調に増加していたが、第二次世界大戦が始まり戦況に陰りが見え始めると諸物資が政府による統制

下に置かれ、材料である砂糖も統制令の下で配給制度が取られた。菓子製造も困難となり自ずともみじ饅頭も製造中止に追い込まれてしまった。この苦境に際し、宮島町内の藤井、木村、高津、山田、横山の5軒は企業合同し戦中の厳しい時代を乗り切り、終戦後も細々と製造を続けた。

　戦後しばらくは混迷の社会情勢が続き物資も引き続き不足していたが、徐々に食糧や菓子原材料が出回り始めた。1949年には広島県西部菓子協同組合が設立され、業務用砂糖が配給されるようになった。1951年からは藤井屋、勝谷銘菓、竹内紅葉堂、津田清風堂が、1953年からは山田屋、木村屋、後藤製菓、松大などが物資統制の解除とともにもみじ饅頭の製造を再開していった。

(3) 復興期から高度成長へ

　1955年頃になると、池田首相の所得倍増論等の影響でインフレ傾向が強くなり経済活動も活発になった。島内の製菓屋も戦前から使用していた無煙炭を電気に切り替え、1958年には燃料を薪からプロパンに切り替えている。

　1957年、戦前のもみじ饅頭の味が再び観光客に知られ販売数量も多くなると、土産品としての体裁を整える必要が出てきた。やまだ屋の初代当主である山田繁一氏は当時の宮島町観光課長の中本氏と話し合い、旅館岩惣に度々宿泊していた伊藤博文を用いて構成した「もみじ饅頭のしおり」を初めて作成した。内容としては、伊藤博文が紅葉谷を散歩している最中に岩惣の茶店に立ち寄り、お茶を茶店の娘から受け取った時にその娘の可愛らしい手のような菓子があればよいのにと声を漏らしたのを女将が聞いて、それを

ヒントにもみじ饅頭をつくらせたというシナリオである。

　この頃から製餡技術が違うものの、広島市内に数社、宮島にも新しく数社のもみじ饅頭の製造元が創業した。

　また当時の社会情勢は、戦後の混乱期から完全に抜け出していた。

　観光客も戦前に劣らない規模にまで回復し、もみじ饅頭の製造量も急増し、繁忙期には品切れを起こすことも多々あった。これを受け、1961 年から 1963 年にかけて製造の機械化が始まった。同時に製餡の自動化も進められ、菓子組合加盟の 10 社が共同で開発・購入した。

　1960 年代前後は、組合の活動の意義も高まった時期で、副資材の共同購入や従業員の福利厚生事業等の活動が盛んに行われた。1965 年頃には日本が高度経済成長期に入ったことで団体旅行が盛んになり、宮島の観光産業も一層の盛り上がりを見せるようになった。

　販路も宮島島外にまで広げ、新たな顧客獲得を目指していた。しかし、観光客の増大は再び生産量の不足を呼び起こし、さらなる大量生産化を図る必要に迫られた。各製造元は機械メーカーと開発を進め大量生産化に努めた。

　1970 年代、衛生管理の向上と製品の高級化を図り個別包装を始めた。従来は箱にもみじ饅頭を並べてまとめて包装していたが、1977 年から個別にフィルム包装をする自動包装機を菓子組合全員で購入し、衛生的かつ高級感の漂う商品を提供できるようになった。12 の製造元で組んでいた菓子組合も昭和 55 年 6 月に新たに 6 つの製造元を加えた宮島町内全 18 の製造元で改めて組織し直した。

　加えて 1980 年には B&B という漫才コンビが人気を博し、

広島出身のメンバーの島田洋七がもみじ饅頭を取り入れたネタを披露したことで全国的にその名が知られるようになった。この後の3年間ほどでもみじ饅頭の販売量は飛躍的に伸び、菓子屋だけでなく宮島の宿泊業者や物産販売店までもが製造機械を購入し、もみじ饅頭を販売するようになった。宮島島内では戦前の12業者から23業者に、宮島口にも7業者が開業した。

この時期には新商品開発も進み、1983年の秋から若年層のニーズに応えるべく、チーズ、チョコ、クリーム、つぶあん、抹茶、アーモンド、干し葡萄、大もみじなどが開発され、1986年の秋までに11種類が発売された。

一方で、B&B効果による販売数の増加は製造業者の増加を招いたが、乱立の副作用として品質の低下が心配される状態となった。

(4) バブル崩壊後の不況期

時代が平成に変わると、バブル崩壊により景気は下降の一途を辿った。天災の影響も受けた。1991年9月7日に台風19号が直撃し嚴島神社に甚大な被害を与え、11月上旬まで参拝が禁止されたため観光客が減少した。翌年には消費税3%が導入され、景気の冷え込みを加速させた。

外部環境が悪化する中、平成5年には新広島空港の開港や山陽自動車道の開通等で回復への兆しを見せ始めていた。翌年には宮島観光来島者が300万人を超え、宮島観光始まって以来の最高値を記録した。もみじ饅頭の売り上げも高水準を維持し、販売量も過去最高を記録した。しかし、この好調も1995年1月17日に発生した阪神淡路大震災によっ

て途切れてしまう。JR、高速道路ともに不通となり、交通網は神戸を境に東西に二分されてしまった。新幹線は同年4月に復旧開通したが、それまでは神戸以西の観光客しか宮島に訪問できない状態が続き、同年の来島者数、もみじ饅頭販売数はともに減少した。

このような逆風の中、1996年12月6日に厳島神社がユネスコ世界文化遺産に登録され、翌年9月1日からはNHK大河ドラマ「毛利元就」が放映されるなど、宮島にとって大きな宣伝媒体となる出来事が2つ重なった。この年の来島者数は312万人を数え、1995年に一旦落ち込んだ観光景気も巻き返すことができた。しかし、消費税が3%から5%に引き上げられ、製品の流通自体は停滞気味になってしまった。

1998年の春先には、アジア通貨危機に端を発し、海外ではロシアの通貨危機やアメリカの株価暴落、国内では1999年の拓銀、山一証券の倒産、不良債権処理のための長期信用銀行と住友銀行の合併等に見舞われ、世界的な不況、日本でいうバブル崩壊以後の「失われた10年」を経験することになった。

来島者も1997年比で15%減の266万人にまで落ち込んだ。そして平成11年9月に直撃した台風18号によって厳島神社に被害が出るなどして、来島者247万人と最盛期比79%まで減少した。また、明石海峡大橋やしまなみ海道の開通、他地域での大型イベントの開催等の影響も受け、宮島への観光客は減少する一方となった。

(5) 近年の状況

　2000 年以降、度重なる台風・自然災害などの影響もあり、来島者数も 250 万人前後で推移し低迷を続けた。そこで 2005 年に廿日市市との合併を機に「まちづくり懇話会」(3 カ年) を立ち上げ、観光施策のテコ入れが検討された。

　その後、世界遺産登録 10 周年イベント (2006 年)、ミシュランガイドブック 3 つ星認定 (2007 年)、観光庁発足による外国人客誘客促進や、日仏交流 150 周年を記念した厳島神社とモンサンミッシェルの協同ポスター作成 (2008 年)、仏モン・サン＝ミッシェルとの観光友好都市提携 (2009 年)、新水族館「みやじマリン」のオープン (2011 年) などの取り組みが功を奏して観光客が再び増加し、2007 年以後は 5 年連続で来島者数 300 万人を達成した。

　しかし、2011 年の東日本大震災と原発事故の影響で海外からの観光客が急減した。近年の追い風を打ち消す出来事ではあったものの、2012 年に NHK 大河ドラマ「平清盛」が放映されたり、7 月に宮島の一部がラムサール条約に登録されたりするなど宮島にとって追い風となる出来事が再び続いた。2019 年には来島者数 465 万人を記録し、土産品としてもみじ饅頭の販売増加も見込めるようになった。

3) 事例分析

　株式会社やまだ屋は、1874 年に広島県の宮島で創業した製菓屋である。宮島には「もみじ饅頭」という地域の銘菓があり、その製造元として初代の山田繁一氏と妻のらく氏

が製菓業を始めた。現在は三代目の中村靖富満氏が経営を担っており、宮島、ひいては広島の銘菓である「もみじ饅頭」をはじめとする菓子をつくり続ける老舗企業である。

表3-1-1　会社概要

会社名	株式会社やまだ屋
代表者	代表取締役中村靖富満
本社所在地	〒739-0588 広島県廿日市市宮島町835-1
創業年月	1932年（昭和7年）10月20日
有限会社設立年月	1966年（昭和41年）3月1日
株式会社移行年月	2009年（平成21年）4月7日
資本金	1,400万円
売上高	26億6,100万円(平成30年1月期)
従業員数	183名
事業所	直営店舗14、工場2

出典：やまだ屋提供資料、及びやまだ屋ホームページ[3]。

　現在、もみじ饅頭の製造業者は20社であるが、やまだ屋は3番手に位置付けている。宮島島内で言えば2番手である。下図はもみじ饅頭業界売上高1位のN社とやまだ屋との比較[4]である。3番手のやまだ屋と業界1位のN社の間には倍以上の差があり、やまだ屋がチャレンジャー企業の位置付けであることがうかがえる。

表3-1-2　　売上高比較

（単位：億円、平成30年）

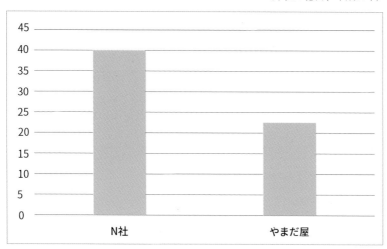

出典：ひろしまの企業情報[5]より筆者作成。

　やまだ屋の特徴は、15種のもみじ饅頭をはじめとした豊富な商品である。先ほどのN社であれば基本のもみじ饅頭で6種類、2番手のF社では5種類であることから見ても、その豊富なバリエーションがうかがい知れる。これらの中には社内だけでなく外部とのネットワークを活用して生み出された商品も多い。また他店よりもいち早くもみじ饅頭のばら売りも始めたり、飲食店（カフェ）を展開したりするなど、様々なことに挑戦する社風も大きな特徴と言えよう。

　以下では、これらの特徴はもちろん、やまだ屋の歴史を振り返りながら事例分析を行う。

表3-1-3　売上高推移

	2008年	2012年	2016年	2018年
売上高	12億4,600万円	16億3,700万円	19億円	22億6,100万円

出典：やまだ屋提供資料。

表3-1-4　主要商品及び製造・販売施設

主要商品	もみじ饅頭15種類（こしあん、つぶあん、抹茶、栗っ子、紅いも、クリーム、チョコ、チョコ（コーティング）、チーズクリーム、みかん、レモン、黒、赤、白、朱）、大もみじ、杓子せんべい、桐葉菓、平家一門、老松、みやじま御笠、富久者有智、恋の紅まんさく、聖乃志久礼、宮島アントチーズ
工場	宮島本店工場（もみじ饅頭（こしあん）のみ）、おおのファクトリー
直営店	広島本店、宮島有の浦店、おおのファクトリー「早瀬庵」
取引店	駅・空港等売店、高速道路SA・PA、百貨店、スーパー（県内外）、ホテル、観光物産品店他

出典：やまだ屋提供資料より筆者作成。

表3-1-5　沿革

昭和期	
7年10月20日	初代・山田繁一が創業。
16年12月8日	第二次世界大戦勃発。
戦中	諸物資が政府統制化に置かれ物資不足に陥る。
戦中	宮島町内の5企業（やまだ屋含む）が企業合同。
20年8月15日	終戦。
24年	繁一、宮島製パン工場に入社。
28年3月	本格的に菓子製造再開。
30年9月	無煙炭から電気（大型電熱器）に燃料切り替え。
33年	LPガス普及に伴い、LPガス導入。

41年3月	有限会社やまだ屋設立。山田勲が代表取締役に就任。
41年4月	宮島口「広電宮島ガーデン」にもみじ饅頭製造販売店舗として入店。
46年7月	「杓子煎餅自動焼機」を有りの浦支店に設置。初の自動化。
47年6月	もみじ饅頭でも自動化を達成。
51年	「全国有名駅弁とうまいもの大会」にて初の実演販売。
55年	年間500万個の製造達成。
58年11月	「大もみじ」新発売。
59年2月	無人自動化を達成。
61年4月	新製品開発。「クリームもみじ」「コーティングチョコもみじ」。
61年4月	JR広島駅キヨスク売店に納品開始。
62年1月	「抹茶もみじ」新発売。
62年2月	高速道路サービスエリアへ初出店。
63年1月	「チーズクリームもみじ」新発売。
平成期	
元年6月	大野工場落成。
2年1月	「つぶあんもみじ」新発売。
6年7月	紀伊ねぼけ堂とタイアップ、「かきまんじゅう」新発売。
7年1月	阪神淡路大震災発生。観光客減少。
8年1月	「栗っ子もみじ」新発売。
9年4月	「桐葉菓」新発売。
12年3月	株式会社へ移行。
12年4月	中村靖富満が代表取締役社長に就任。
14年11月	第24回全国菓子博覧会で、「桐葉菓」が名誉総裁賞受賞。
17年10月	広島果実連との共同開発により、「みかんもみじ」「レモンもみじ」を新発売。
17年11月	安佐南区西原にて和のスイーツ専門店「らく山田屋」をオープン。
18年11月	もみじ饅頭手焼き体験を開始。

19年2月15日	三越広島店にてRAKU山田屋商品の取り扱い開始。
19年12月21日	三越広島店6階にRAKU山田屋『結の庵』をオープン。
20年1月1日	「黒もみじ」販売開始（有限会社SOHO総研とのコラボ）。
20年7月26日	長崎屋内にRAKU山田屋『本通茶寮』をオープン。
21年3月25日	大聖院から依頼を受け、「聖乃志久礼」販売開始。
22年1月23日	「赤もみじ」販売開始（株式会社ソアラサービス（旧SOHO総研）とのコラボ）。
22年4月26日	大聖院からの依頼を受け、「弥山の恋人」販売開始。
22年7月7日	おおのファクトリー（新大野工場）、オープン。
23年1月1日	「缶もみじ」販売開始。
23年9月18日	宮島農園のぶどうを使った「葡萄もみじ」を直営店にて販売開始。
23年9月20日	ヤマトフーズ株式会社依頼の「藻塩もみじ」を直営店にて販売開始。
23年10月22日	ソニーミュージック依頼の「たみおもみじ」を直営店にて販売開始。
24年1月1日	練乳ミルクを使用した「白もみじ」販売開始（ソアラサービスとのコラボ）。
24年1月	平清盛関連新商品として「英雄（サムライ）清盛」「平家せんべい丸にあげは蝶」を販売開始。
24年2月10日	広島八景アレンジ商品として「平家一門」を直営店にて販売開始。
25年3月	ひろしま菓子博2013開催、やまだ屋の「聖乃志久礼」「英雄清盛」、RAKU山田屋の「高舞台」が受賞
25年4月	第26回全国菓子大博覧会で観光庁長官賞、茶道家元賞、橘花栄光賞を受賞
26年4月	第27回全国菓子大博覧会で優秀金菓賞、金菓賞、功労賞を受賞

出典：やまだ屋提供資料より筆者作成。

(1) 生成期のフレームワーク分析

　やまだ屋は、1874年に初代・山田繁一氏が宮島の門前の商店街に「山田屋」の名で創業した。ただ、繁一氏は旅館に勤めていたため、妻のラク氏が職人を雇って切り盛りすることとなった。当時、創業の地である宮島は嚴島神社への参拝客などが多く出入りしており、ラク氏はその参拝客をターゲットとして何か提供できないかと考え、食堂や菓子屋、お土産屋などを候補として挙げたが、周辺にはもみじ饅頭をはじめとした菓子類を取り扱う店舗が多く、それに倣ってもみじ饅頭を中心とした菓子屋を始めることにした。

| 図3-1-2 | 当時のやまだ屋とラク氏と手作業で製餡する様子 |

出典：やまだ屋提供資料。

　機械の購入など会計・財務に関わる問題に関しては、繁一氏と妻のラク氏は相談し合って意思決定していたと考えられる。現在でも小規模なファミリー企業の会計はほとんど配偶者である妻が担当するケースが多い。したがって、初

代の時代の経営チームは初代夫婦の繁一氏とラク氏であり、この2人が経営権を握っていたと考えられる。

図3-1-3　ラク氏の創業の悩み

出典：Illustration by Joon Moon M. D.

　創業時点では、やまだ屋独自の資源と言えるものはなかったと言ってよいだろう。しかし、それ以上に大きな資源を宮島という地域が持っていた。それが「嚴島神社」と「もみじ饅頭」の2つであり、前者は多くの参拝客を集める観光資源であり、後者はその宮島が誇る銘菓としての歴史があった。やまだ屋はこれら2つの地域資源を自社の強みとして事業に組み込み、成功へとつなげた。これに加え、創業のきっかけが宮島への参拝客へ向けて何かを販売しようということでもみじ饅頭を取り上げたことから、事業コンセプトも「宮島への参拝客に向けたもみじ饅頭を中心とし

た菓子販売」と明確に設定している。なかでも地域の資源である「もみじ饅頭」を主力商品と設定し重点的に売り出したことで、もみじ饅頭は宮島の銘菓として東は関西、西は九州まで知られることになり、事業を軌道に乗せることができた。これは他のもみじ饅頭屋の影響によるところも十分にあるが、多くのもみじ饅頭製造業者がいる中で生き残り成長してきたのは、従業員が理解しやすい明確なコンセプトを打ち出したことが要であったと言えよう。

図3-1-4	創業のきっかけ

出典：Illustration by Joon Moon M. D.

　やまだ屋は自社特有の資源の不足を地域の資源を用いて補ったのである。
　地域においては地域企業同士でネットワークを構築すること（「四つのC」のコネクション）が重要であると先行研

究で述べたように、やまだ屋も地域内の同業者とネットワークを構築することで困難を乗り越えている。やまだ屋にとっての競合企業は宮島島内のもみじ饅頭屋や菓子屋であったが、もみじ饅頭屋に関しては競合相手であると同時に協力し合うパートナー企業でもあったと考えられる。仕入を同業者が共同で行ったり、戦時中に物資統制などで経営難に陥った際は企業同士が互いに存続を目指して共同工場を構えたりしていた。当時のもみじ饅頭製造元は、自社の利益を追求するだけでなく、もみじ饅頭というブランドを守り成長させていくために、競合相手ともある程度の協力関係を結ぶことがあり、互いを支え合うパートナー企業としても機能する一面があった。繁一氏もその一員で、積極的に外部ネットワークを活用し苦境を乗り切った。

図3-1-5	つぶあんの作り方

出典 : Illustration by Joon Moon M. D.

製造面では創業当時から手焼き作業で製造していたが、繁忙期には生産が追い付かない状態が続いたため生産の機械化に乗り出している。これによって従来の３倍以上の生産能力を実現し、効率化と人員削減に寄与した。この機械化はやまだ屋にとっての最初の大きな技術革新（イノベーション）であったと言えよう。

　製造技術は同業者と商品を差別化する上で重要な要素である。この当時、同業者と仕入先がほとんど同じであったため、技術の差によって特徴を生み出すしかなかった。やまだ屋は特に小豆を加工する工程で特徴を出している。やまだ屋は他店に比べさらし13の回数が比較的多く、小豆を４〜５回さらして不純物をほとんど取り除いているため、餡自体の色は灰色に近い。さらに、さらす前の煮込み具合によって小豆を粉状に加工した時の状態が変わったり、絞る際に使用するメッシュの網目の大きさによって残る粉の大きさが異なったりするので、その選定にもこだわりを持っている。

　生地の成分については、他の企業が卵、砂糖、小麦粉といった主原料のつなぎとして透明な水飴を使用している一方、やまだ屋は狐色の米飴を使用している。水飴に比べると多少コスト高であるが、米飴を使用すると風味が立ち身体にも良いということで現在でも継続して使用している。製餡改良のアイデアは、創業以来積み重ねてきた技術や経験から生まれたもので、他社が模倣するのは困難である。この「見えざる資産」は初代から続くやまだ屋のコア資源として数えることができるだろう。つまり、繁一氏が製餡技術にこだわりを持ち、磨き続けることは、将来を見据え

たコア資源への継続的な投資になっていたのである（「四つのC」の継続性）。

図3-1-6　生成期のフレームワーク

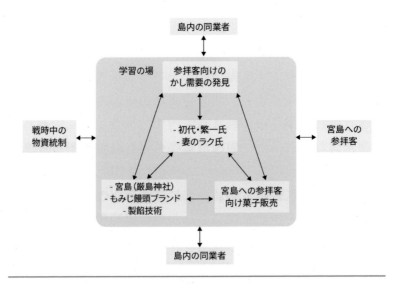

出典：筆者作成。

　事業継承の面に着目すると、繁一氏は創業前に旅館で働いたり、戦中・戦後の厳しい社会情勢の中では製菓業の継続が難しかったことから、製パン業を営んだりしていた。このような社外での就業経験は繁一氏が自社や、自社を取り巻く環境を客観的な視点から捉える上で役立ったと考えられる。
　後ほど詳しく述べるが、やまだ屋では繁一氏が経験したような「社外での就業経験」を重要視している。生成期以降のフェーズでもやまだ屋の次代育成において重要なキーワードとなってくることから、引き続き注目してみていく

ことにしたい。

(2) 形成期のフレームワーク分析

1966年の法人設立から移行した二代目・勲氏の組織体制は、当初、勲氏が経営から商品企画、製造、営業まで幅広く手掛けるなど組織内に明確な役割分担はなかった。従業員は20〜30名程度であった。

図3-1-7	形成期のフレームワーク

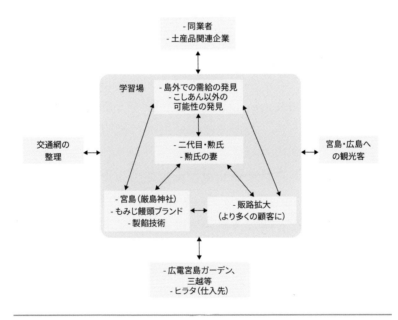

出典：筆者作成。

そのため、経営者（企業家）である勲氏が現場の人間と直接対話する機会が多くあったと考えられ、経営者のビジョンを従業員が直接受け取り、共有できていたと考えられる。

これはファミリー企業の特徴である「四つのC」のコミュニティに該当する。また、二代目の体制でも勲氏とその妻が経営を担っており2人が経営チームであると考えられるが、この時期から現在のやまだ屋を支える人物が営業や生産の中心的な役割を担うようになる。彼らは現在、副社長や生産本部長といった重要な役職に就き、経営に参加している。

二代目・勲氏の時代は、初代が築き上げた「やまだ屋のもみじ饅頭」をより多くの人に届けることをコンセプトとして事業を展開した。具体的には販路拡大と生産の自動化・機械化に取り組んでいる。これまでは宮島の参拝客のみをターゲットとしていたが、販路を拡大して広島を訪れる観光客もターゲットに加え、新たな顧客層として取り込んだ。販路拡大の際には、広電宮島ガーデンや三越などの百貨店にテナントを借り、そこを営業・販売の拠点とした。広電宮島ガーデンは初の島外進出の助力となり、三越とは現在でもやまだ屋の販売店やRAKU山田屋のカフェが入るなどの形で付き合いが続いている。この2社がパートナー企業として果たした貢献は大きいと言えるだろう。やまだ屋は現在でもパートナー企業や仕入先と良好な関係を保ち、長く取引を続けている。ファミリー企業の原動力の一つであるコネクションが上手く築かれていることの表れだと言えるだろう。企業家である勲氏のネットワークの構築と、その継承の努力がうかがい知れる。

図3-1-8　　生産工程の機械化

出典：Illustration by Joon Moon M. D.

　また、時代が進むにつれて交通網も徐々に整備され、よ
り広範囲に販路拡大できるようになった。広島市内や高速
道路のサービスエリアへの出店が可能になり、より多くの
消費者（観光客）にアクセスしてもらえるようになった。

　生成期では競合企業でありパートナー企業でもあった同
業者は、交通網の発達などから共同仕入の必要性が薄れ、
純粋な競合相手となった。また販路拡大に伴い、これまで
は立地的な観点からある程度棲み分けされていた広島市内
のもみじ饅頭製造業者も本格的な競合企業になった。

　加えて、これまで"宮島"の銘菓として売り出されてい
たもみじ饅頭が"広島"の銘菓として認知されるように
なったことで、広島への観光客を新規顧客として取り込め
るようになったと同時に、他の広島名物が新たな競合相手

として登場することになった。

図3-1-9　　　販路拡大

出典：Illustration by Joon Moon M. D.

　販路拡大以外に二代目の功績として欠かせないものがある。それは「もみじ饅頭の多品種化」である。勲氏は探究心が旺盛で想像力に富む人物であり、さまざまなことに挑戦していく性格であった[6]。勲氏は1983年にもみじ饅頭屋としては初めて、こしあん以外のフィリング[7]を使用したもみじ饅頭「大もみじ」を開発・販売し、もみじ饅頭業界に多品種化の道を開いた。しかし、その2年後に他社がプロセスチーズをフィリングに用いた新商品を開発し、「大もみじ」以上の人気を博した。競争環境に新たな刺激がもたらされたことで、これ以降は各製造元がフィリングの多品種化に本格的に乗り出すようになり、やまだ屋も数々の

新しいもみじ饅頭を開発し多品種化に努めるようになった。新商品開発は既存の顧客に対して新しい味を提供するものであることから、企業の存続に欠かせない持続的イノベーションであると言えるだろう。

　もみじ饅頭の多品種化は二代目の探究心と挑戦心に富む性格によるところが大きい。このような企業家精神は、現在のさまざまなことに挑戦するやまだ屋の社風にも反映されているほか、長期的な展望に立ったコア資源の構築に積極的な投資が行えるような環境作りにも寄与している。この点は「四つのC」のうち継続性に該当すると言えるだろう。

　企業が破壊的イノベーションを起こし不連続的な成長を遂げていくためには「失敗の許容」が必要とされていたが、勲氏が率先して失敗を恐れず挑戦していったことで、そうした社風が生まれたのである。このような土壌は後述する三代目による破壊的イノベーションを支えている。

　また、商品の多品種化とその開発を後押しする経営者の構想や社風は、消費者の多様で変わりゆくニーズを汲み取り対応できるというやまだ屋の強みにつながっている。

　昔から美味しい菓子や良いサービスを提供することの重要性は変わらないが、美味しさの感じ方や、消費者が良いと感じるサービスのあり方は日々変化していく。羊羹を例に挙げると、昔は砂糖たっぷりの甘い羊羹が飛ぶように売れたのに対し、今では健康ブームで砂糖控えめの羊羹が支持されている。やまだ屋は外部とのネットワークを活用して意見や情報を取り入れることで、このような時代の変化を察知し、消費者が求める商品の開発をしている。

図3-1-10　　多様な饅頭の種類

出典：Illustration by Joon Moon M. D.

　まず、仕入先との関係を見てみると宮島島内の同業者とは共同仕入をしていた。現在でもその名残でこれらの企業との取引は続いており、他社も継続して取引しているところが多い。しかし、ヒラタという企業との取引に関しては例外であるという。

　ヒラタは餡以外のフィリングを提供する企業である。二代目の頃からもみじ饅頭の多品種化を推進したため、餡以外のフィリングを仕入れる必要が生じた。この頃、他社もそれぞれ異なる種類のもみじ饅頭を開発するようになり、フィリングの仕入先にも違いが見られるようになった。すなわち、事業コンセプトの変化がビジネスモデルに変化をもたらしたのである。

　また、仕入先とのネットワークは事業を継承する際に先代から次代へと引き継がれるが、三代目の靖富満氏の話に

よると、次代がやまだ屋の仕事をし始めた時点で先代から少しずつ仕入先や得意先などに紹介していったという。つまり、外部とのネットワークは日々の業務の中で徐々に先代から次代へと引き継がれていったのである。

　継承問題については、二代目の若き日の経験が次代育成に役立っている。二代目の勲氏は精米機メーカーに勤めていた経験がある。1928年生まれの勲氏は17歳で終戦を迎えた。当時は物資不足からすぐに菓子製造を再開できなかったため、精米機メーカーで働きなんとか生計を立てていたという。1953年に菓子製造再開にこぎつけたときも継続して他企業で働き、家計の足しにしていた。この時の経験がやまだ屋の経営に役立ったことから、勲氏は三代目の靖富満氏に対しても、会社の外に出て一度経験を積んでから入社するようにと助言している。

　三代目の靖富満氏は大学を卒業して外食系企業に1年間勤めた後、1986年にやまだ屋に入社している。靖富満氏が大学卒業後に就職したロイヤル株式会社は、全国約200店舗のファミリーレストランを運営する会社である。靖富満氏は1年間で、九州、東京、広島の5つの店舗を回り、ホールの担当者として勤めていた。

　業務内容としては、最初は皿洗いやトイレ掃除、ホールの掃除、駐車場の草むしりなどを経験し、数カ月後にはウエイターをするようになった。半年ほど経ってからは、アルバイトのシフトを組んだり棚卸しをしたりするなど、店長のサポート役として店舗全体の管理を任されるようになった。最終的には店長が昼間、靖富満氏が夜間の責任者として店舗を運営することになり、小規模ながら店舗経営

を任される立場となった。その際に、接客サービスの在り方や衛生面の知識、コスト管理の考え方など、やまだ屋の経営に実際に活かせる知識を身に付けることができたという。

　靖富満氏がやまだ屋に入社した頃は、ちょうど漫才ブームに火がついていた時期だった。その中でB&Bという漫才師の人気が高まり、広島出身の島田洋七さんがもみじ饅頭をネタとして使い評判になった。楽しい漫才とともにもみじ饅頭の名前が全国に知れ渡ったことで、やまだ屋は非常に忙しい日々を過ごすことになり、売上が平時の約1.5倍にまで膨れ上がった。こうした状況の中で、靖富満氏の母が体調を崩し勲氏への負担が大きくなったため、靖富満氏は当初3〜5年を計画していた他企業での就業を切り上げ、1年間でやまだ屋へ戻ってくることになった。僅か1年とはいえ有意義な経験をしたと靖富満氏は振り返っている。

　長期的な展望に立ち、次代育成に多くの時間をかけていることもファミリー企業独特の特徴である。卒業後すぐに親の下で仕事をするとどうしても甘えなどが出てしまう傾向が強いため、このように社会の厳しさを経験することは非常に重要である。加えて、一旦社会に出ることで自社を客観的に見ることができるというメリットもある。やまだ屋ではファミリー企業特有の経営者育成のあり方が効果的に機能していると言えるだろう。

(3) 成長期のフレームワーク分析

　ファミリー企業は企業家、すなわち経営者が強いリーダーシップのもとに経営や事業戦略を立てていく傾向から独裁主義になりやすく、また同族によって経営陣が固められることから情報の固定化が起こりやすいといったデメリット

を持っている。このような問題点を解決するためには、組織外部とのネットワークを構築・活用して組織の閉鎖性を打破しなければならない。

　現在、やまだ屋は地域とのネットワークを複数構築している。

　1つ目は宮島の菓子製造業の組合である。組合では規制や法律等に関する講習会が行われたり、宮島内でイベントがあるときにはそれに合わせた販促活動を共同で行ったりしている。このような活動を通じて情報の交換や共有が図られている。

図3-1-11　成長期のフレームワーク

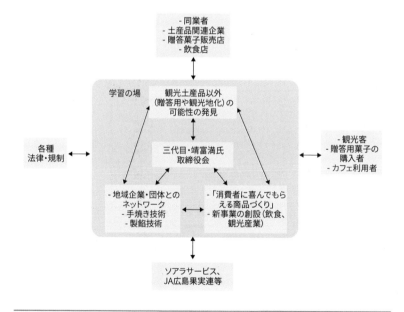

出典：筆者作成。

2つ目は宮島の観光協会である。現社長の靖富満氏は宮島観光協会の会長を務めており、同業者はもちろん異業種との情報交換の場として活用することができる。また、やまだ屋にとっての地域のコア資源である「宮島」のPRや、その景観の保護活動を様々な利害関係者と協力して行うこともできる。

　3つ目は共同商品開発である。やまだ屋は地域の企業や団体とコラボレーションしていくつかの商品開発を行っている。外部の企業や団体、コンサルティング会社との協働で得られる情報は企業内部からは出てこないようなものであることも多い。企業外部との商品の共同開発は、ファミリー企業が陥りがちな情報の固定化を解消する有効な対応策の1つであり、新しい事業展開をする際にも重要な判断材料を与えてくれるだろう。

図3-1-12　外部経験の重要性

出典：Illustration by Joon Moon M. D.

次に経営チームについて見ていこう。二代目までは本人とその妻が中心となって経営していたが、その頃から家族外の人物が社内で重要な役割を担うようになり、その人物が現体制で本格的に経営に参加するようになっている。

　現体制の経営チームは取締役会の5名であると言える[8]。その取締役会の5名のメンバーのうち、社長、副社長、生産本部長、営業部長は創業者一族であるが、残りの1名は家族外のメンバーである。ファミリービジネスの色合いは代を重ねるごとに薄くなってきており、家族外のメンバーが入ったことで、情報の固定化や経営の独裁化が起こりにくくなってきている。

　靖富満氏は、経営を親戚で固めてしまうと、一般の従業員がこの会社では出世できないと思い込み、モチベーションが下がるのではないかと危惧しているため、あまり家族経営を前面に出していないという。また、血縁関係でなくとも優秀な人材が多いのでそういった人材を起用している面もあるという。しかし一方、経営の中核には親族を置くという考えはあるようで、そういった考えから長男に後継者としての経験を積ませている。

　三代目も先代と自身の経験に倣って、長男と次男を社外で働かせて経験を積ませている。靖富満氏は2013年に広島で開催された全国菓子大博覧会の実行委員会事務局に長男を派遣し、外部での就業経験を積ませている。大博覧会終了後はやまだ屋に入社し、営業担当や生産職を経験した後、現在は営業本部長として経営に参加している。また、次男は数年間銀行に勤めた後、やまだ屋に入社し、現在は営業本部内で販売課長として、主に直営店を担当している。次

代を担う者が外部での経験をもとに、自社を客観視して長短所を見抜き、様々な価値観や尺度を持ちながら、やまだ屋のポリシーに則って伸ばすところは伸ばし、改善するところは改善していくことが、やまだ屋の成長には必要不可欠であると靖富満氏は述べている[9]。このように、歴代の経営者たちには事業継承の際に脈々と受け継いできた育成方針があり、他の一般従業員のモチベーションにも配慮して組織マネジメントを行っているのである。

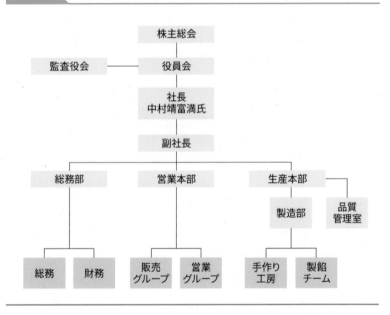

図3-1-13　現体制の組織図

出典：やまだ屋提供資料より筆者作成。

三代目の体制下では、もみじ饅頭と並び立つもう一つの柱となる事業の確立を目指しており、これを新たな事業コ

ンセプトとして設定している。これまでの土産品の製造・販売以外の事業を立ち上げて事業の多角化を進めるとともに、新規市場開拓によるさらなる成長を目指している。

　それが『RAKU 山田屋』ブランドであり、手焼き体験、おおのファクトリーである。RAKU 山田屋では贈答用菓子やカフェ展開によって、手焼き体験やおおのファクトリーでは伝統体験や工場見学などの観光関連事業によって新市場を開拓する試みをしている。イノベーションには持続的イノベーションと破壊的イノベーションの2種類があり、地域企業は破壊的イノベーションを自発的に起こし成長を図っていく必要があることを先行研究で述べているが、『RAKU 山田屋』ブランドの立ち上げはこの破壊的イノベーションであると考えられる。

図3-1-14　事業の多角化Ⅰ

出典：Illustration by Joon Moon M. D.

RAKU 山田屋ブランドは既存の観光客向け商品とは違う、贈答用や冠婚葬祭用の菓子を提供していることから、やまだ屋の菓子を単なる土産品ではなく少し高級感のある贈答用菓子として求める潜在的な顧客に向けられた事業展開であり、破壊的イノベーションであると言えるだろう。「手焼き体験」や「工場見学」なども従来の観光客向け菓子販売とは違い、宮島観光に来てもみじ饅頭の手焼き体験をしてみたいと考える潜在的な顧客を対象にした市場への進出を試みていることから破壊的イノベーションの一つであると言えるだろう。先代、先々代と受け継いできた伝統技術や失敗を許容する社風がこのような破壊的イノベーションの創出につながったと考えられる。

　『RAKU 山田屋』のカフェ展開に関しては、三代目自身の社外経験（飲食業経験）も大きな助けになったと考えられる。また、手焼き体験のための設備や工場見学に対応したおおのファクトリーに対する設備投資は莫大なものであった。これは長期的な展望に立って大胆な投資を行うというファミリー企業ならではの意思決定であったと言えるだろう。

　また、他社では生産の機械化によって失われている手焼きの技術を脈々と受け継いできたことも、このような「手焼き体験」事業につながるかもしれないという長期的な視野に立った投資の結果であると言えよう。

　ただし、新規市場への参入は新たな競合企業との競争の始まりを意味するのは言うまでもない。新たに贈答用菓子、カフェ（飲食店）という市場で既存企業と競合することになる。

やまだ屋は創業以来、観光土産品というセグメントの中で商売を続けてきており、このように新規市場へ進出するのは初めての経験であった。菓子製造に関するノウハウや、やまだ屋としてのブランド力は持っていたものの、贈答用菓子の開発・製造・販売、カフェ経営に関するノウハウは皆無であったと言っても過言ではない。このような状況の中で事業を軌道に乗せていくのは骨が折れる作業であり、非常にハイリスクであったと考えられる。

　実際、RAKU山田屋のカフェ展開を始めた当初は手探り状態の経営が続いた。季節に合わせたメニューを販売しても、顧客のニーズに合致せず、1年目は苦戦したという。現在は顧客のデータも集まってきており、日常の顧客との対話を通じて情報収集をして、新メニューを考案・提供している。RAKU山田屋のカフェとしてのコンセプトは「和と洋の融合」、「手作り志向」、「材料へのこだわり」と明確であり、数年間のノウハウの蓄積もあって、地盤はある程度固まってきている。このことから、やまだ屋の新規事業は軌道に乗ったと言うことができるだろう。

　しかし、顧客の意見をフィードバックするだけでは既存顧客のニーズにしか対応できず、事業を拡大するには不十分である。明確なコンセプトが設定されている以上、これに合わせたターゲット層に対して市場調査を行い、その結果を事業に反映させることが新規顧客を獲得し、事業を拡大する第一歩であると考えられる。

　一方、従来の土産品としてのもみじ饅頭の販売については、二代目の多品種化路線を受け継いでいる。ただし、三代目の商品開発が二代目と異なる点は、積極的に外部ネッ

トワークを活用して商品開発を行っている点である。三代目は、地域内の企業などと積極的に商品の共同開発をしたり、取引先の関係者の意見を汲み取ったりしている。ソアラサービスとコラボレーションした際は、試食販売時に行ったアンケートを通じて一般消費者の意見を吸い上げ、開発に生かしている。

　社内からの意見やアイデアだけでは、これまでに作ってきた"菓子"の枠組みから抜け出すことは難しい。ソアラサービスとのコラボレーションを通じて生まれた竹炭や唐辛子を使うといった斬新なアイデアは、外部からの意見を取り入れなければ生まれなかっただろうと靖富満氏は語っている。地域企業であるやまだ屋の強みは地域の消費者から直接意見を聞くことができるという点でもある。当代のやまだ屋の新商品開発にはこのようなパートナー企業、外部ネットワークの存在が非常に大きく、そういった企業とのネットワークを持っていること自体がやまだ屋のコア・コンピタンスになっていると言うことができるだろう。

　商品の販売形態については、賞味期限を長くするために、以前までの簡易包装から密封包装に変更し、その上で包装内に脱酸素剤を封入している。競合他社は窒素充填しか行っておらず、脱酸素剤を使っているのはやまだ屋だけである。脱酸素剤を使用している分コストがかかってしまうが、日持ちすることが問屋には好評であるという。

　卸は買い取り制でメーカーから仕入を行うので、賞味期限が長い方が取引に優位となるからである。実際に広島市内のスーパーなどではやまだ屋のもみじ饅頭が多く売られているという。

日持ちのする商品としては、紙箱ではなく缶にもみじ饅頭を詰めることで賞味期限を延ばした「缶もみじ」というものもある。缶という丈夫な外装であることから、日持ちする以外にも輸送の際に中身が潰れにくく、温度の変化にも強いという利点もある。

図3-1-15	事業の多角化 II

出典：Illustration by Joon Moon M. D.

　しかし、このような差別化が実際にやまだ屋の売上や利益の増加に貢献しているとは言い難い。もみじ饅頭は各製造元が販売価格を一律にしているため、価格による差別化ができない。脱酸素剤を封入した分のコストを卸への納入分だけでカバーできているのであれば問題ないが、そうでなければ他社よりも日持ちすることをアピールし、売上の増加に繋げていく必要があるだろう。特に遠方や海外からの観光客にとって賞味期限は気になるものである。自分や

家族などへのお土産であればそれほど問題はないだろうが、それ以外の人へのお土産の場合、すぐに渡すことができないケースも少なからずあるだろう。日持ちするということはそれだけで他社製品に対する優位性を持っているため、この点は消費者に認知してもらえるよう工夫があるとよいだろう。

　既存販路の拡大として卸への販売強化を図るのも一つの手段である。やまだ屋は餡にこだわりがあるものの、価格という分かりやすい指標でその高品質さを消費者に伝えることができない。基本的に同じようなカテゴリの製品であれば価格が高いほど高品質であると認識されやすいが、やまだ屋の場合はこの戦略を取ることができない。コスト自体も他社に比べて高く利益を上げにくい構造になっているため、やまだ屋の餡の高品質さをはじめとした他社に対する優位性を価格以外で消費者に伝える工夫が必要になってくるだろう。

　近年は健康志向の高まりを受けて健康に良いと謳われる商品が人気を得たり、生産地や原材料にこだわる消費者が増えたりしているが、これに伴い商品のプロモーションやパッケージに関する規制も増加した。また、包装紙への表示物に関する規則が厳しくなり、実物以上のイラストをパッケージに施してはならない、科学的根拠や認可なしに「健康に良い」といったキャッチフレーズを使ってはならないといった規制もできている。PL法への対処もまた然りである。このような規制の増加によってプロモーションの幅が狭まったり、パッケージデザインの変更や保険への加入などといった追加のコストが発生したりしている。

4) まとめ

やまだ屋は創業から現在に至るまで、「観光」と「菓子作り」とともに歩んできた企業である。創業のきっかけも宮島への参拝客（観光客）向けの菓子販売をしようということであったし、二代目も「やまだ屋のもみじ饅頭」という土産品をより多くの消費者に届けるべく生産の機械化・販路拡大を図った。無論、三代目も新商品開発などを通じて観光客により魅力的な菓子を提供するべく努力を続けるとともに、手焼き体験や工場見学といった別路線からの観光産業への参入も図っている。一方で、「菓子作り」で培ったノウハウを新規市場で活かすべく、『RAKU 山田屋』ブランドの展開も進めている。時代を重ねるごとに事業コンセプトは変化を見せてはいるものの、やまだ屋の「観光」と「菓子作り」いう柱は動じることなく、歴代の経営者によって従業員全体に周知・共有され、全社を挙げて二本柱を軸とした事業コンセプトの達成、自社の成長を目指して活動している。

その上で、経営者たちは外部ネットワークを存分に活用している。

初代は競合相手である地域の同業者間のネットワークを駆使して戦中・戦後の厳しい環境を乗り越え、仕入においても地域の同業者同士で共同調達し、同業者全体でもみじ饅頭ブランドの成長を目指した。

二代目は初代から受け継いだネットワークを大切にしながらも、もみじ饅頭の多品種化をする際には独自のネットワークを構築し新商品開発に活用した。既存の仕入れの

ネットワークは地域内の多くの同業者とほとんど同じであったが、新商品に使用するフィリングについては独自のネットワークを構築して他社との差別化を図り、ビジネスモデルを強化したと言えよう。

　三代目は地域内の製菓業の組合をはじめ、宮島の観光協会や地域企業・団体との新商品共同開発を通じてさらに広範なネットワークを構築している。外部とのネットワークの構築は情報の固定化というファミリー企業のデメリットを解消し、社外からの意見、とりわけ地域の人々の意見を吸い上げる機会に恵まれているという地域企業の強みを存分に活かすコネクションにもなる。地域のファミリー企業であるやまだ屋にとっては非常に重要な資源である。

　経営者たちはこのネットワークの構築と維持に多大な努力をしている。2015年、やまだ屋は広島市立大学からの商品企画案を受け、新商品を発売した。競合他社である広島市内のもみじ饅頭企業も広島大学と共同開発した商品を売り出していた[10]。このような地域の大学とのネットワークも今後の成長には大きな助力となるだろう。

　ファミリー企業の企業家（経営者）は代々受け継がれる長期的なミッションを達成するために長期にわたって大胆な投資をすると先行研究で述べたが、やまだ屋においてもその傾向は見受けられる。その代表としては、やまだ屋に受け継がれる伝統技術である独自の製餡技術と手焼き技術である。宮島のもみじ饅頭業者には餡を仕入れる術がなかった時代があり、餡を自前で製造していた。このような背景の中でやまだ屋は製餡にこだわりを持って取り組み、他社よりも高コストながら高品質の餡を製造する技術を蓄

積していた。そして手焼き技術についても、生産の機械化が進み手焼き技術が失われていく中、やまだ屋は伝統技術として継承していた。

このような長期にわたるコア資源への投資は、現在の手焼き体験事業に活かされている。製餡技術についてはその高品質さが消費者に伝わり切れていないことが惜しまれるが、その部分を改善することができれば長期的な投資も実を結ぶだろう。

やまだ屋のイノベーションの歴史を振り返ってみると、機械化による増産、販路拡大、もみじ饅頭の多品種化、もみじ饅頭以外の新商品開発、土産品以外の新商品ブランド開発、手焼き体験や工場見学などの観光関連事業の立ち上げなど様々なイノベーションを断続的に行っている。このような取り組みは、二代目の勲氏が醸成した様々なことに挑戦する社風がベースとなって実現されたものである。特に三代目の時代には、この「失敗を許容する社風」が『RAKU山田屋』ブランドの創設、手焼き体験や工場見学等の観光事業の創出とった破壊的イノベーションを生み出しており、やまだ屋の成長を支える大きな一因になっている。

次代への継承については、代々の企業家に共通意識が見られる。それは一度外の社会を経験し、そこで培った経験をやまだ屋で活かすということであり、やまだ屋を外からの客観的な視点で眺め、長・短所に気づき、成長と改善に取り組むということである。初代の繁一氏は旅館と製パン業、二代目の勲氏は製パン業と精米機メーカー、三代目の靖富満氏は外食産業と、それぞれやまだ屋の外での経験を積んでおり、その時の経験がやまだ屋の経営に活かされて

いる。四代目候補の靖富満氏の長男も菓子博の事務局に出向し、企業外部での社会経験を積んでいることから、先代と同じ道を辿ることになるだろうと思われる。

　ここに、次代育成に多くの時間をかけるファミリー企業の経営者育成の特徴が表れている。

　多くのファミリー企業では「情報の固定化」と「事業継承」が大きな課題となっている。これらに対する有効な解決策をやまだ屋の事例に見ることができるだろう。その最大のキーワードが「地域とのネットワーク」と「社外での就業経験」である。

　情報の固定化は経営チームが家族で固められ、外部環境の変化に疎くなることで起きるが、これは組織外部とのネットワークを活用することで改善することができる。実際、やまだ屋は地域の多様なネットワークを駆使して情報の閉鎖性を打破していた。

　情報の固定化を防ぐもう一つの方法は、鄭（1999）が述べていた「社外での就業経験」である。情報の固定化は企業家自身が自社を客観的に捉えられる視点を備えていれば発生しづらい。その「自社を客観的に捉える視点」を培う場が「社外での就業経験」なのである。

　三代目の靖富満氏は、わずか1年ではあったが社外で働いたことで、社内にいたときには見えなかった自社の長所・短所が見えるようになったという。この時の経験から、同業・異業種を問わず、他社での就業経験を通じて得られる知識は経営に活かせると考えている。

　継承問題については、先代と次代に意見の対立が起き、継承が上手くいかないという話をよく耳にする。これにつ

いても、両者が「自社を客観的に捉える視点」を備えていれば、対立はしても、話し合いを通じて解決に至るのは難しくないと思われる。

　このように、ファミリー企業の企業家には、外部とのネットワークを活用して情報の固定化を未然に防ぐとともに、事業を継承する前に社外で就業経験を積み、自社の価値観に囚われない視点を身に付け、継承問題を乗り越えていけるだけの能力が求められるのである。

図3-1-16　各当主による主な展開

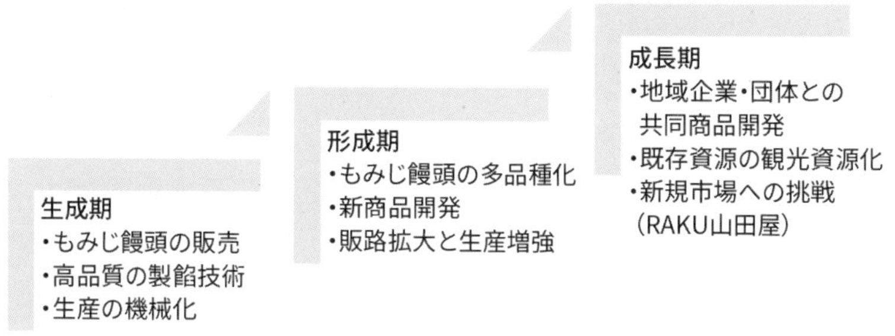

成長期
・地域企業・団体との
　共同商品開発
・既存資源の観光資源化
・新規市場への挑戦
　（RAKU山田屋）

形成期
・もみじ饅頭の多品種化
・新商品開発
・販路拡大と生産増強

生成期
・もみじ饅頭の販売
・高品質の製餡技術
・生産の機械化

出典：筆者作成。

　やまだ屋はもみじ饅頭業界で第3位、宮島内では第2位の位置に付けている老舗企業である。今後も、もみじ饅頭をはじめとした観光客向けの土産品の販売が主力となるだろうが、この市場は20もの製造元がひしめく競争の激しい市場であり、販路や需要もほぼ飽和状態で著しい成長は望めない。

　こういった環境の中でやまだ屋が上位2社に迫り追い抜

くためには、新事業の『RAKU 山田屋』ブランドや手焼き体験・工場見学といった観光事業を成長させ、新たな市場で顧客を獲得することが求められる。企業の成長にはイノベーションが不可欠であり、企業を存続させるための持続的イノベーションとしてもみじ饅頭などの土産品の改良・開発を、企業を新たなフィールドにステップアップさせるための破壊的イノベーションとして『RAKU 山田屋』や手焼き体験などの推進し、潜在的な市場に進出していくことが今現在のやまだ屋に必要なアクションであると筆者は考える。

　「菓子作り」を「観光」に活かした事例として、北海道の製菓会社である石屋製菓の「白い恋人パーク」がある。「白い恋人パーク」では、北海道の銘菓「白い恋人」の製造工程が見学できる他、お菓子作り体験工房やアンティーク調の喫茶店なども併設されている。季節に合わせたイベントも開催されており、一種のテーマパークのような雰囲気で多くの観光客を呼び込んでいる[11]。やまだ屋にも広島銘菓の「もみじ饅頭」、手焼き体験、工場見学、『RAKU 山田屋』の経営資源があり、それらを集約する地としておおのファクトリーも所有している。やまだ屋が「菓子作り」をテーマとした観光資源を構築するのであれば、この石屋製菓の事例はロールモデルとして十分に参考にできるものであろう。

　また、観光産業は外部環境の影響を受けやすく、不況や天災などで観光客が急減するリスクがある。実際に、東日本大震災が発生した際は、その影響で観光客が激変し大きな打撃を受けている。このようなリスクを分散するためにも、上記の新事業、特に『RAKU 山田屋』ブランドの展開を進め、観光産業以外の市場で地位を固めることはより一

層重要になってくるだろう。昨今、コロナウイルスの影響で多くの企業が苦境に陥っているが、やまだ屋もその例外ではない。この苦境をどう乗り越え、再び成長していくのか。常に挑戦することを忘れない社風を持ったやまだ屋の今後の展開に注目していきたい。

Endnotes

1 宮島観光協会ホームページ（http://www.miyajima.or.jp/history/miyajimahistory.html；2019年8月11日アクセス）。

2 やまだ屋代表取締役社長、中村靖富満氏へのインタビューより（2012年3月7日、2020年11月13日実施）。

3 やまだ屋ホームページ（http://momiji-yamadaya.co.jp；2012年8月3日アクセス）。

4 売上の数値はもみじ饅頭だけに限定したものではなく、会社全体のものである。しかし、両社ともももみじ饅頭を中心とした土産品が商品ラインナップのほとんどを占めており、これら商品の販売が主力事業であるため、比較の指標としては十分に適当であると考える。

5 ひろしまの企業情報（http://www.hitec.city.hiroshima.jp；2021年2月4日アクセス）。

6 中村靖富満氏へのインタビューより（2012年3月7日、2020年11月13日実施）。

7 もみじ饅頭の中に入れる餡やクリーム、チーズなどのペースト状のもの。

8 中村靖富満氏へのインタビューより（2012年3月7日、2020年11月13日実施）。

9 中村靖富満氏へのインタビューより（2012年3月7日、2020年11月13日実施）。

10 にしき堂ホームページ（http://www.nisikido.net/SHOP/621382/list.html；2020年9月22日アクセス）。

11 白い恋人パークホームページ（http://www.shiroikoibitopark.jp；2020年9月22日アクセス）。

1) 日本酒とは

　日本酒は全国各地でその土地の風土や気候、原材料を活かしたものが製造・販売されている。酒税法第 3 条 7 号によると、日本酒とは原料に米を必ず使っており、「こす」という工程が必ず含まれているものを指す。

　日本酒の中でも特定名称酒は、使用原料、精米歩合（米の玄米の表層部分を削ぎ落とし残った白米の割合）、麹米使用割合で分類される。代表的な特定銘酒としては精米歩合 60％以下の白米、米麹、水またはこれらに醸造アルコールを原料とする吟醸酒、精米歩合 70％以下の白米、米麹、醸造アルコール及び水を原料とする本醸造酒、白米と米麹及び水だけを使用した純米酒がある[1]。これらは使用原料や精米歩合等によってさらに細かく分類されており、それぞれが独自の風味を持っている。

| 図3-2-1 | 清酒の製造過程 |

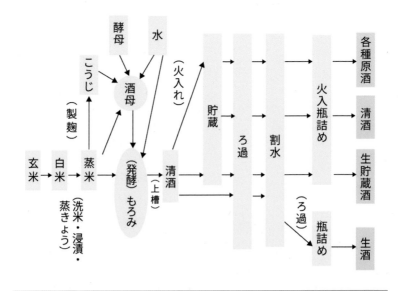

出所：「平成24年酒のしおり」[2]より筆者作成。

　日本酒の製造過程は以下の通りである。日本酒の風味を損ねる脂肪やタンパク質を取り除くために最初に米の精米を行う。精米方法は米を丸く削る「球状精米」と、米の厚さに合わせて削る「扁平精米」の2種類あり、玄米から取り除いた糖分の割合、精米歩合が酒質を大きく左右すると言われている。歩合が60％以下の白米を主原料とし製造した酒は吟醸酒といい、歩合70％以下の白米を使用し製造した酒を本醸造酒という。次に、精米後の白米を約1カ月程度放置する。これは、精米直後の白米は熱を持っており、いきなり蒸すと割れてしまうためである。精米された米は洗米され、水分を含ませるために水につけられた後に甑に

入れて蒸される。蒸した米に種麹を混ぜ麹菌を繁殖させ、細かい温度調節をして麹をつくる。この麹が日本酒の質を決定すると言っても過言ではない。長年の経験と技が必要な作業工程であると言えよう。次に麹・蒸米・水・酒母を加えてもろみを造る。最後に、日本酒にとってちょうど良いアルコールを含んだ状態でもろみを搾り、酒と酒粕に分けていく。清酒の種類によっては工程が異なってくるが、貯蔵、ろ過、割水の作業を行う。

　ここでほとんどは日本酒製造の最後の工程である「火入れ」を行うが、搾った酒をそのまま低温で保存するものもあり、それを「生酒」という。搾った酒は酵母が生きているため、約60℃の熱で低温殺菌を行う。低温殺菌を行う理由は保存性を向上させ、日本酒の変質を防ぐためである。火入れをされた日本酒はビンに詰められて出荷されていく。これが一般的な日本酒の製造方法である。

(1) 日本酒業界の発展、及びそれに伴う規定と課税

　日本酒製造が広く普及したのは明治時代以降になってからである。酒造株制度が廃止され、従来よりも安い免許料を納めるだけで自由に醸造出来るようになったため、多くの酒造メーカーが誕生した。

　その後、戦争に伴う財源確保の国策として酒税の強化が図られた。酒税確保のために自家醸造を禁止したため、1882年には酒造場が1万6,000件、生産量は55万キロリットルを記録する時期もあった。日本酒は木樽や小壺に入れて量り売りされていたが、1886年から日本酒の瓶詰め製造が始まった。その後、1909年に一升瓶が開発され、大

正時代に入ってから普及するようになる。1877 年頃までには堅型精米機や、温度管理や微生物の管理が容易なホーロータンクが発明・開発され、6 号酵母の採取、分離、純粋培養といった技術も登場するようになる。1881 年に戦争による米の統制が始まり精米が制限されるようになると、酒造場が統合されはじめ生産量が通常の半分に制限された。そのため「金魚酒」と呼ばれる水増しした酒が市場に出まわった。政府は酒市場の立て直しを図るために、1882 年に日本酒級別制度を導入した。これは市場に流通する酒を政府が監査し、含有するアルコール度と酒質などから「特級」「1 級」「2 級」「3 級」「4 級」「5 級」に分類するものであった。この制度は日本酒の品質等を日本酒のことをよく知らない消費者が日本酒を選択する際のひとつの基準となった。しかし、業界側から級別制度に伴う課税に疑問の声も上がったため 1990 年には廃止されることになる。

　技術の多様化に伴いさまざまな種類の日本酒が生産されるようになったが、店頭で販売されているラベル表示には法的な規制が存在していなかったため、1990 年に「清酒の製法品質表示基準」(国税庁告示第 8 号) が施行された。この表示基準によって、①吟醸酒、純米酒、本醸造酒といった特定名称を表示する場合の基準を定めるとともに、②すべての清酒について、容器等に表示しなければならない事項の基準、③清酒の容器等に任意に表示できる事項の基準、④清酒の容器等に表示してはならない事項の基準が定められた[3]。

　しかし近年、技術開発により基準以下の原料でも同じような酒が作り出せるようになったため、消費者の混乱を招かないように法律が再検討されている。

(2) 近年の日本酒消費量の衰退

　日本酒の起源は古く、冠婚葬祭をはじめとする儀礼的な場面から、生活の中での娯楽的な場面まで多くの日本人に愛されてきた。

　しかし、近年は大衆の嗜好の変化から日本酒業界に大きな変化が現れてきている。国税庁の調査によると、清酒の販売数量は1973年にピークを迎え、1975年（昭和50年）には1,675千キロリットルであった販売数量が、2010年には589千キロリットルにまで大きく落ち込んでいる[4]。つまり、ここ数十年の間に国内の日本酒市場が大幅に縮小したのである。

　これに伴い、1955年には4,021場あった清酒製造免許場数が、2003年には2,024場とほぼ半減している。ここからも、多くの酒場が廃業に追い込まれていることが分かるだろう。また、清酒製造免許を保持していても休場していたり、実際には製造を行わず、桶買いにより自社ブランド商品を販売したりしている企業も少なくない[5]。

　では、日本酒市場低迷の理由はなんであろうか。第一の理由として考えられるのは「老ね香（ひねか）」または「熟成香」と呼ばれる日本酒独自の香りである。老ね香とは、貯蔵期間が長くなった時に香味が劣化し発生する臭いであり、清酒の熟成が必要以上に進んだ場合に発生する。日本酒の好き嫌いが明確に分かれる匂いであり、これらの香りを受け入れられない人にとっては「匂いがきつい」という印象を与えることになる。第二の理由は日本酒へのマイナスイメージである。アルコール飲料を飲みすぎたり、アルコールが体内で消化されなかったりすると「二日酔い」や

「悪酔い」をする可能性があるが、アルコール度数が平均して約10度から20度ある日本酒はこのマイナスイメージが強く、特に若者の間でこのイメージが定着していると考えられている。第三に他のアルコール飲料の台頭である。発泡酒やリキュールといった比較的安価で、購入しやすいアルコール飲料の人気が高まり、相対的に日本酒の人気が下がっていると考えられる。

　若い世代や女性が日本酒の特徴とも言える香りや味に抵抗感があるのに加え、比較的低価格で、様々なバリュエーションのあるカクテルや発泡酒が台頭したことが、日本酒市場全体の衰退に大きく関わっている。

　また、一方で指摘されているのが清酒製造業の持つ経営体質である。「清酒製造業の健全な発展に向けた調査研究」は、"良い酒"を造る、伝統産業の保護、維持を意識するあまり、その清酒を最終消費者へ浸透させるためのマーケティング面での取り組みの努力が十分ではなかったのではないかと指摘している[6]。つまり、メーカーと卸の特約店制度による安定した流通が崩れる中、卸に頼らず自ら消費者に価値を伝える能力が企業の経営に不足していたことも現在の状況を生み出した一因と考えられるのである。

(3) 日本酒の海外ブーム

　日本国内で日本酒の消費量が落ち込む一方で、海外では日本酒の需要は拡大している。

　2019年の日本酒の輸出金額は1位のアメリカが約68億円、2位の中国が約50億円、3位の香港が約39億円、4位の韓国が14億円となっており、全体の輸出金額は234億円、

輸出量は 24,928 キロリットルで、2009 年以来 10 年連続で
過去最高を記録している [7]。

　特に、アメリカと中国で日本酒が人気である。アメリカで
は、東北地方の酒造メーカーが作るある日本酒が 720 ミリ
リットルで 2,000 ドル以上という高価格にもかかわらず、ラ
スベガスのカジノを訪れる客に大好評である [8]。また、ニュー
ヨークで開かれる日本酒のセミナーには毎年多くの人が集ま
り、日本の酒造メーカー自慢の日本酒の試飲が楽しまれている。

　他の地域でも、アジアを中心に人気は高まりつつある。
中でも、中国への輸出の伸びが顕著で、2019 年にはアジア
地域で最も高い伸び率を示しており、2017 年と比較しても
248％と驚異的な数値であった。ここからも、現地で日本酒
を取り扱う人が増えてきていることがうかがえるだろう。
また、豪州への輸出も増加傾向にある [9]。近年の日本食ブー
ムもあり、日本酒の人気は海外で着実に高まっている。今
後も日本酒業界にとって海外は大きな市場となるだろう。

2) 事例分析

　旭酒造株式会社は 1770 年に創業し、1898 年に今の桜井
家が引受け 1948 年に設立された山口県岩国市の山奥にある
酒蔵である。1984 年に急逝した 2 代目社長である桜井博治
氏から会社を引継いだ息子の桜井博志氏が 3 代目の社長と
して就任し、現在は息子である桜井一宏氏が 4 代目の社長
として就任している。旭酒造が日本酒造りを開始したのは
1934 年で、現在も日本酒造りを続けている。磨き二割三分
の「獺祭」という日本酒を製造・販売する企業として世界

的に有名である。旭酒造はお客様の幸福のために私たちが最も大切にするのは「味」であると定め、追及し、「純米大吟醸」と酒米である「山田錦」に辿り着いた。手作業が多い酒造りの仕事をひとつひとつ丁寧に分解し、ロジカルな製造体制を構築しているのが特徴の企業である。

図3-2-2	旭酒造株式会社の外観

出所：旭酒造株式会社提供

表3-2-1　会社概要

会社名	旭酒造株式会社
代表取締役社長	桜井一宏
住所	山口県岩国市周東町獺越2167-4

創業/設立	1770年/1948年
資本金	1,000万円
従業員数	235名(2019年9月末　正社員：137名　パート：98名)
売上高	137億6,600万円(2019年9月期)
業務内容	1．酒類製造及び販売 2．醤油製造及び販売 3．レストランの運営 4．前各号に付帯する一切の業務
主な国内拠点	東京、山口、博多
主な海外拠点	中国(上海)、台湾、米国(ニューヨーク)、フランス(パリ)

出典：旭酒造株式会社ホームページから筆者修正

表3-2-2　　旭酒造株式会社の沿革

1770年	旭酒造創業
1892年	蔵元の経営権を1代目が入手
1948年1月	旭酒造(株)設立
1957年	桜井博治氏が就任(2代目社長)
1975年	酒蔵増築
1984年4月	3代目の桜井博志氏が就任
1990年	獺祭　販売開始
1998年6月	オッターフェストビール販売開始
1998年10月	山口県内で獺祭を展開開始
1999年3月	年間雇用社員による四季醸造を開始
2000年10月	遠心分離機導入
2003年2月	槽場汲み開始
2005年4月	精米工場　竣工
2010年5月	Kosherマーク取得

2013年5月	獺祭Bar23オープン(京橋)
2013年9月	パリに子会社「Dassai France」を設立
2015年4月	本社蔵引渡
2016年3月	獺祭Store博多店　開店
2016年7月	商品出荷センター竣工
2016年9月	獺祭Store本蔵リニューアル（隈研吾デザイン）
2016年9月	4代目の桜井一宏が就任
2016年11月	獺祭Store銀座店　開店
2017年12月	ニューヨークに酒蔵建設を発表
2018年8月	パリに「ダッサイ・ジョエル・ロブション」をオープン (ジョエル・ロブションとコラボ)

出典：旭酒造株式会社のホームページから筆者修正

　海外にも積極的に進出しており、2005年のニューヨーク進出を皮切りに、2010年にコーシャー・ライセンス（ユダヤの認証）を取得した他、2013年にはパリに子会社「Dassai France」を設立している。また、2017年にはニューヨークに酒蔵を建設することを発表し、2019年から本格的に工事を始めている。

表3-2-3　売上高の推移

	2012年	2015年	2016年	2017年	2018年	2019年
売上高	25億円	65億 3,700万円	108億 300万円	119億 6,000万円	138億 4,900万円	137億 6,600万円

出典：旭酒造株式会社のIRレポートより筆者修正

その後も、2018 年にフランスの有名なシェフとパリに「ダッサイ・ジョエル・ロブション」をオープンさせるなど、世界に日本酒を知らせるために様々な企業活動を行っている。本節では、旭酒造株式会社が創業以来どのようなイノベーションを行ってきたのか、フレームワークに基づいて 3 つのフェーズに分けて事例分析を行う。

(1) 生成期のフレームワーク分析 (創業〜 1984 年)

| 図3-2-3 | 生成期のフレームワーク |

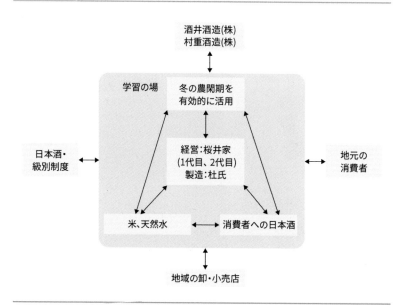

出典：筆者作成

　[図 3-2-3] は生成期のフレームワークである。旭酒造株式会社の創業は 1770 年であるが、現在社長を務める桜井一

宏氏の曽祖父にあたる1代目が1892年に蔵元の経営権を入手したのが現ファミリー体制の始まりと考えて差し支えないだろう。

1代目が経営権を手に入れた時期は、酒造株制度が廃止されて従来よりも自由に醸造出来るようになり、多くの酒造メーカーが誕生した時期であった。また、戦争に必要な財源確保のために、酒税強化の一環として自家醸造が禁止され、各地に小さな酒蔵が創られた時期でもあった。

図3-2-4　酒造株制度の廃止と創業

酒株制度の廃止

出典：Illustration by Joon Moon M. D.

旭酒造は当時、普通酒を製造・販売する地域密着型の酒蔵だった。普通酒とは、特定名称酒以外の日本酒のことをいう。米、米麹の主原料の他に、副原料として醸造アルコー

ル、糖類、有機酸などを添加したもので、副原料の重量は、米、米麹の総重量を超えない範囲という条件が付されている。簡単に言えば、紙パックや缶で売られている清酒のことである。大量生産が可能で比較的安価なため、市場の約7割をこの普通酒が占めている。

　旭酒造が位置する山口県はそもそもお酒の産地として有名な地域ではなく、市場も地元の小さな酒蔵が醸造する日本酒を中心に構成されていた。

　岩国市の山奥には日本酒の製造に適した地域がごくわずかに存在する。その中の一つが旭酒造の本社がある地域であった。冬の気温が低く、周東町獺越に流れ込む東川の伏流水は超軟水であった。一般的にお酒造りにはミネラルを豊富に含む硬水が使われるが、広島の西条地域を中心に軟水でゆっくり、かつじっくりと造るやり方（いわゆる軟水仕込み）も進んでいるのだという。

　生成期の経営チームでは、桜井家の1代目と2代目が会社の経営を担当し、杜氏が製造を担当するという風に役割分担がされていた。1代目が酒蔵を買収して経営を始めた理由について博志氏にインタビューしたところ、「祖父がビジネスを始めたのは農閑期を有効に使うためではなく、このビジネスが儲かると確信したからスタートしたと聞いております。」[10] という返答を得られた。つまり、今後日本酒の市場が拡大し、商機があると判断したから参入したのである。

図3-2-5　既存の清酒の製造

出典：Illustration by Joon Moon M. D.

　1代目と2代目の社長は酒蔵の運営については従来の経営体制、つまり企業家、経理、そして杜氏からなる経営チームで行っていた。杜氏とは、酒蔵で働く酒造りの職人の監督・統率を行う製造責任者を示す。酒造りの職人である蔵人たちは、杜氏というリーダーの監督のもと、酒造りを行うのである。この組織構成は3代目の博志氏が就任する時まで続いている。

　戦後の経済成長の最中であったこともあり、旭酒造は約3千人程度の地域住民にお酒を売るだけで良かったため、特別な販売戦略を取っていなかった。3代目社長の博志氏によると、当時は「いい酒を造るではなく、ある酒を売る」というスタンスであったため、旺盛な需要に応えるため、

1973年頃には約2,000石（100本/1.8L）にまで生産量を増やしていた[11]。

しかし、1980年代前半に地酒ブームがあったが、公共交通機関が発達しておらず、観光客が訪れることもなかったため、地酒ブームに乗った販売拡大は叶わなかった。それに加え、この頃には、地域の人口がピーク時の3,000人から500人程度まで急激に減少していた。つまり、地域需要のほとんどが消失したのである。

図3-2-6　日本酒消費の減少

出典：Illustration by Joon Moon M. D.

この状態から脱却すべく、旭酒造は市街地への進出を目指したが、市街地には岩国を代表する酒造メーカーが2社存在していた。「五橋」を製造する酒井酒造株式会社と、「黒松」を製造する村重酒造株式会社である。このままでは競

争が厳しくなる一方だと感じた桜井博治氏は、広島や山口市内など近隣地域への進出も検討したが、熾烈な価格競争に巻き込まれる恐れがあったため断念している。1980年頃には地酒ブームの波に乗って、東京にも進出を試みたが思うような成果は得られなかった。

一方、3代目社長の博志氏は1973年に松山商科大学（現、松山大学）を卒業した後、西宮酒造（現、日本盛）に入社し、3年半ほど営業社員として酒販店を回った。この当時としては珍しい丁稚奉公ではない普通の営業社員としての勤務であった。

その後、博志氏は旭酒造に戻り同じく営業職として勤務した。当時の2代目社長であった桜井博治氏は、博志氏には家業を継がせたくなかったと思われる。日本酒の売上が急減し、旭酒造としても先行きの見通せない状況であったため、桜井博治氏は自分の世代である程度資産を残して年金生活をしようとしていたという[12]。酒蔵を存続させたがった博志氏と父とでは意見の折り合いがつかず、酒造りの方向性や経営をめぐって対立し、最終的に退社することとなった。その後、博志氏は親戚に石材採掘業者がいたことから、1979年に桜井商事を設立して石材卸業を始め、年商2億円の事業にまで成長させた。

その後、2代目社長の博治氏が急逝し、急遽、博志氏が3代目社長に就任することとなった。博志氏は経営中の桜井商事を従業員に譲渡し、旭酒造の経営に専念するようになった。博志氏は当時の心境をこのように語っている。

「石材ビジネスをやっていて思ったことは品質が良ければ物は売れるということです。一昔前の日本酒ビジネ

スはとにかく量の時代。営業担当者の能力と、ものさえ
あれば売れる時代がありました。しかし、時代は変わり、
量ではなく質を求められたとき、ちゃんとしたものさえ
あれば売れることにみんな気づくわけです。当時は一般
的に杜氏制度を取っていましたが、当社がその制度を撤
廃し、果敢に社員だけで新しい酒造りに挑戦できたのは、
失敗からの新しい挑戦だったからです。安い一般的なお
酒を造るには従来の職人たちが適していたかもしれませ
んが、純米大吟醸酒など高級酒にフォーカスしたビジネ
スや新しいビジネスの展開には向いていなかったのです。
また、地ビール事業の失敗などもあり、雇用していた杜
氏さんはやめてしまいました。新しい杜氏を呼ぶかどう
しようか考えたときに社員だけで新しいやり方に挑戦し
ようと思ったのです[13]。」

　1つの組織に長くいると、その組織の問題点が何か把握
できなくなったり、たとえその問題が何か分かったとして
も、それを改善する意志が持てず、突破口がなかなか開け
なかったりする。もし、3代目がルーチン化していた従来
のビジネススタイルに固執していたなら、同社の今はな
かっただろう。これまでの常識を疑って新たな挑戦をし、
失敗してもすぐに気持ちを切り替え、まったく新しい手法
で再び挑戦しようとする博志氏の企業家精神は、今後の同
社の事業展開と会社の発展性に大きな影響を与えている。
その点については、次の節以降で詳しくみていこう。

（2）形成期のフレームワーク分析（1984 年〜 1999 年）

　［図 3-2-7］は形成期のフレームワークである。

　博治氏の急逝により急遽 3 代目に就任した博志氏の前には前途多難な道が待っていた。1970 年代にピークを迎えてから日本酒業界の衰退が止まらず、関連業種の倒産が相次ぎ、旭酒造が活動拠点とする地域にも大きな影響を及ぼした。

　地域の人口は戦後の 3,000 人から 500 人にまで急減し、旭酒造の業績も業界の縮小速度を上回る速さで悪化していた。売上は 1975 年のピーク時の 60％まで減少し、前年度と比べても 15％も減少した。出荷量も 2,000 石から 700 石に落ち込み、危機的な経営状況に陥っていた。その反面、従業員の危機意識は薄く、売れなかったら仕方がない、業界が縮小しているからどうにもしようがないという姿勢であった。

　この時期の経営チームの構成は上述したように、経営と経理は博志氏と妻の礼子氏が、製造は杜氏が担当する体制であった。営業経験は豊富にあるが、酒造りに関しては素人であった博志氏がまず打開策として取り組んだのが、自社の看板商品である＜旭富士＞を紙パックに入れ低価格で売り出すことであった。

　瓶詰から紙パックに変更する為には瓶詰よりも 6 倍の人手が必要であったが、当時は人手が余っていたので問題にはならなかった。紙パックの口を閉める設備も当初 1,000 万円はかかると見込まれていたが、設備の構造を調べた所、アイロンで対応出来ることが分かり、大幅にコストを抑えることができた。

図3-2-7　形成期のフレームワーク

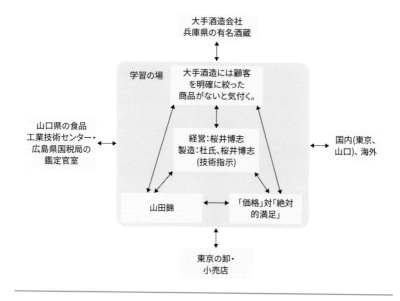

大手酒造会社
兵庫県の有名酒蔵

学習の場

大手酒造には顧客
を明確に絞った
商品がないと気付く。

山口県の食品
工業技術センター・
広島県国税局の
鑑定官室

経営：桜井博志
製造：杜氏、桜井博志
（技術指示）

国内(東京、
山口)、海外

山田錦

「価格」対「絶対
的満足」

東京の卸・
小売店

出典：筆者作成

　この戦略は一時的に売上を上げたが、結局やむを得ず取り扱い中止になった。その理由は、第一に充填時に人手がかかることであった。いくら人手が余っているとはいえ、それは冬という特殊な季節だけの話で、年中製造することはできなかった。第二に、普通酒との価格競争が激しくなった。新たな顧客を求めて市街地に進出をしたものの、既に市街地では酒井酒造と村重酒造を中心に激しい価格競争が始まっており、小さい酒蔵であった旭酒造には価格競争に入り込むだけの企業体力がなかった。大胆な値引き販売及び販促活動（おまけ付き）が求められたため、財務的に厳しい状況にあった旭酒造にとってはかなり困難な状況

だった。

　また、小売店の開店披露に持っていく祝い金も他社と同じ金額を持っていかなければならなかった。地域密着型の酒蔵であったため、地域の小売店や酒屋は大事なパートナーであった。当時の地域の風習として、お酒は小売店や酒屋から勧められたものが購入されやすかった。彼らと友好的な関係を築くためには、他社と同様の販促や支援が必要不可欠であった。

図3-2-8　　業界環境の悪化

出典：Illustration by Joon Moon M. D.

　ここまで見てきたように、旭富士の梱包形態を瓶詰から紙パックに変更したことで一時的に売上を上げることは出来たものの、根本的な問題の解決には至らなかった。さらに、

上述した理由により、紙パックの製造を中止せざるを得な
くなったため、取引のあった地域の問屋との間に葛藤が生
じてしまった。そのため、旭酒造はそれに代わる新商品の
開発と、新たな販路開拓が必要となった。この時期につい
て、博志氏は保険金目当ての自殺まで考えていたと回顧し
ている。

　このようにして、破産直前まで追い込まれた旭酒造で
あったが、「窮すれば通ず」と言われるように、思いもよ
らなかったタイミングで博志氏は生き残る活路を見つけた。
それは、偶然招待された横綱旭富士（当時）の結婚式に参
加した時のことであった。式で提供されていた大手酒造の
日本酒について周りの人々に感想を聞く中で、大手酒造に
は顧客を明確に絞った商品がないことに気付いた。そして
自分好みではあるが、冷やしで飲む酒、これ１本で行けば
いいと感じたという。この経験から、消費者は究極的には「話
題性、物語性、非日常性」ではなく、「価格」対「絶対的満
足」を満たしたお酒を求めているということが分かった[14]。
　大手酒造には難しい小規模な仕込みでないと高品質が保
ちにくい大吟醸なら、小さな酒蔵であることを逆に強みに
出来る。無理をせず、高品質な吟醸酒をそれなりの価格で
お客様に提供出来ると考え、大吟醸造りに挑戦することに
した。いわば、「量」ではなく「質」を問う経営が重要であ
ることに気づいたのである。薄利多売を目指す酒蔵経営は
比較的規模の大きな酒造会社には向いているスタイルでは
あっても、小規模である地域の酒蔵が生き残る道ではな
かったのである。

ここで、博志氏は今後の旭酒造が歩むべき道のりについて、いくつか指針を立てることにした。それは、①高精白にこだわること、②最高級の酒米にこだわること、③純米吟醸にこだわること、④良い酵母にこだわることであった[15]。そして、より優れた酒を目指して「変わる」ことこそ、旭酒造の伝統でありたいと考えた。

表3-2-4　　既存の製造工程と旭酒造の製造工程]

既存の工程	①精米	②蒸米	③麹造り	④酒母造り	⑤段仕込み	⑥もろみ造り	⑦発酵
旭酒造の工程	枯らしの工程をしない		製麹の際、手作業で広げる				毎日アルコール度を管理
既存の工程	⑧上槽	⑨火入れ	⑩貯蔵	⑪ろ過	⑫割水	⑬火入れ瓶詰め	清酒完成
旭酒造の工程	遠心分離機を使用					瓶詰めの後に火入れ	

出典：　平成24年酒のしおりと旭酒造株式会社のインタビューを基に筆者作成

　しかし、行動に移すまでには様々な難関が存在した。一つ目は酒米の確保の問題であった。山口県の酒米は既存の普通酒や2級酒の製造には問題がなかったが、大吟醸造りには適してなかった。食用米と違って、酒米が酒造りに適しているのは、醸造で使う麹（こうじ）菌が、活動しやすい構造になっているからである。日本酒は、米のでんぷんを麹菌の力で糖に加工し、酵母が糖をアルコールに変える。2種類の微生物反応を一緒にさせる高度な技術が必要なの

である。麹菌がうまく働いてくれないと美味しい日本酒にはならない。これまで酒米として選ばれてきたのは、大粒で、たんぱく質含有量が低く、粘りがよく、中心部に「心白」という白い部分がある品種であった。大粒が好まれるのは、精米の時に表面を大きく削り取るからで、大粒の方が削りやすいといわれている。品質が高い酒米の多くは兵庫県の大手酒造に送られていた。

　この問題を解決するために、旭酒造は地元の農家と共同で酒米（山田錦）作りに取り組んだ。しかし、酒米は栽培が難しく試行錯誤が続いた。また、販売先が十分に確保できなかったこともあり、農家との間に経済的な問題で確執が生じた。

　結局、父の田んぼが戻ってきたことがきっかけで、夏場の閑散期に社員自らが作ることとなった。しかし、これは農業団体との間に摩擦を生む結果となった。農産物を栽培する際に経済連を通じていなかったこと、山田錦が当時の山口県では栽培を認められていない品種であったことがその理由である。それを解決するために、山田錦を栽培する農家をパートナーに加え、兵庫県のみのり農協を中心に全国各地の生産者から山田錦を買い取った。

　原料確保の次は技術的な問題が残っていた。普通酒とは違って大吟醸は細やかな作業を必要とするお酒であり、旭酒造はこれまで作ったことがなかった。この技術を習得するため、山口県の食品工業技術センターと広島県国税局の鑑定官室という酒の技術指導機関から意見を聞き醸造を行った。味は目標としていた水準ではなかったものの、貯蔵してもよくなることはないと指摘され、そのころ流行り

始めた熱殺菌をしない生酒として売った。

図3-2-9　小さな酒蔵の競争力を高める武器

大手企業ができないこと

大吟醸

出典：Illustration by Joon Moon M.D.

　生酒を山口県で2番目に出したことと、破産直前の酒蔵が出したお酒であることが話題となり、マスコミからも取材を受けた。その宣伝効果もあり、ある程度の売上も得ることができた。しかし、博志氏はこの時、より根本的なイノベーションが必要だと感じた。

　それは、会社を立て直すためにいろいろ苦労している中で、あまり協力的ではなかった杜氏の存在であった。旭酒造では大吟醸造りはできないとか、既存の旭富士で十分など博志氏が進めていたことについて批判的な態度を見せていた。

翌年、旭酒造の活動に興味を持つ人からある但馬杜氏を紹介してもらった。その杜氏は博志氏のイノベーションについて肯定的で、協力的な人であった[16]。また、技術的な面でも優秀な人で、酒造りの基礎を博志氏に教えて旭酒造の土台を作った。

そして、1988 年、静岡の工業技術センターの河村伝兵衛が業界誌に掲載した「静岡県の大吟醸造り」の記事を参考にして、新しい杜氏にこの通りに造るよう依頼し、ようやく大吟醸らしい酒が生まれた。試作品を作る際にはワイン酵母を使用した純米吟醸を造り、原料に使う酒米は最高級の山田錦一本に絞って 50％精白の山田錦を使った。それについては専門家からは褒められたが、あくまでも技術的な面であり、実の消費者は同じ価格のワインより美味しいかどうかが判断の基準になると思った。

そして、1990 年に今までの看板商品であった＜旭富士＞の商品名を＜獺祭＞に変更し、東京進出を本格的に始めた。東京では「獺祭」の名前で、地元ではこれまでと同様に旭富士の名前で普通酒を販売していた。旭酒造が位置する獺越の地名の由来は「川上村に古い獺がいて、子供を化かして当村まで追越してきた」ので獺越と称するようになったといわれており、この地名から一字をとって銘柄を「獺祭」と命名した。獺祭の言葉の意味は、獺が捕らえた魚を岸に並べてまるで祭りをするようにみえるところから、詩や文をつくる時、多くの参考資料等を広げちらす事をさす。

図3-2-10　獺祭の開発

獺祭 精米歩合 23％

出典：Illustration by Joon Moon M. D.

　多くの試行錯誤を重ねて、1992年に初めて精米歩合23％の大吟醸酒を発売した。　精米歩合を23％に設定した理由は、当時の一番低い精米歩合だったからであり、旭酒造の技術力を宣伝効果として最大限活かすためでもあった。

　しかし、精米歩合を23％にするまでには多くの失敗があった。普通、小さな会社が会社の危機的な状況の中で新商品開発にチャレンジすることは無理である。しかし、旭酒造はリスクを極力避けるために社内のコミュニケーション能力を高め、失敗を恐れない体制を作った。また、失敗したら怒るのではなく、失敗の原因を突き詰めて考え、やり方を変えて再挑戦するような企業文化を作った。

図3-2-11　獺祭純米大吟醸磨き二割三分

出典：旭酒造株式会社提供

　以上の様々な経営活動の成果により、旭酒造は着実に回復に向かって進んでいるように見えたが問題はまだ残っていた。それは「杜氏の高齢化」と「蔵人確保の難しさ」であった。日本酒市場の縮小によって、大手の酒蔵が都心部の工場を地方に移転させ、現地での人材確保のため、地方の酒蔵よりも良い雇用条件を提示していた。それによって、多くの蔵人が流出し、残っているのは高齢者だけになったのである。

　地方の小さな酒蔵を維持するためには、蔵人を正社員と

して雇い、安定的な収入を約束する必要があった。しかし、冬場しか稼働しない酒蔵では通年で雇用するのは難しかった。そこで旭酒造は、四季醸造を導入して夏場にも売れる地ビールの生産を始め、関連事業として岩国市内の錦帯橋近くに「大道芸の館」という地ビールレストランを開業させた。

　これは、四季醸造を通じた優秀な生産者の通年雇用と、生産設備の稼働率向上を通じた原価率の低減を狙ったものであった。ビールの製造法は日本酒に比べると簡単で、既存の施設を利用することも可能であったため、当時多くの酒蔵が地ビールのブームに乗って、様々なビールを製造・販売する時期でもあったことも理由の１つである。

　しかし、社内の製造部門に夏場に働く意欲やビール製造に取り組む意欲がなかったこと、年間の売上が２億円であったのに対して、２億４千万円という莫大な金額の投資が必要であったこともあって、３ヶ月で資金が立ち行かなくなり撤退することになった。その結果、旭酒造は資金難となり、倒産の危機に追い込まれた。会社が倒産するかもしれないという噂は社員の間に広がり、杜氏が自分の蔵人を引き連れて他の酒蔵に移る事態にまで発展した。

　杜氏から既に酒造りの基礎を学んでいた博志氏は、この出来事をきっかけとして杜氏制度の在り方自体を見直し、廃止することにした。

　経営学にはイノベーションという概念があり、イノベーションは偏旁から生じるという説がある。それを別の表現で言い換えるならば、既存の組織が大きな既得権益を有している限り、思い切った改革はできないということである。

もし、旭酒造が大きな酒造会社であったならば、ブランドや杜氏制度をあきらめることは容易ではなかったはずである。組織が危機にさらされ、背水の陣を敷いていたからこそ思い切った事業転換が出来たのである。

　地ビール市場への参入は、経営戦略の基本的な考え方である多角化戦略に該当する。多角化には関連型多角化と無関連型多角化が存在する。旭酒造の場合は、それまでの酒造りの技術や販売ルートを活用出来る比較的リスクの少ない事業展開であったことから、関連型多角化戦略を展開したと言えるだろう。

　しかし、多角化にはいくつか落とし穴がある。既存事業とのシナジー効果はあるか、収益性が多角化後に改善しているか、組織構成員は多角化に対応出来るかといった問題を克服しなければ失敗してしまうという点である。旭酒造の場合は、既存の経営資源を活用できてはいるものの、従業員が新規事業に対応できず、地ビールの売り上げも芳しくなく収益性の改善に繋がらなかったことから、多角化には失敗してしまったケースであると言えるだろう。

（3）成長期のフレームワーク分析 (2000 年〜現在)

　[図 3-2-12] は成長期のフレームワークである。レストランの失敗により、会社が危機的な状況に陥り、杜氏も他の酒蔵に移ったため、博志氏は杜氏制度を廃止し、社員のみで酒造りを進めることにした。

　杜氏の役割は蔵元である博志氏が兼務し、地元のハローワークで採用した通年雇用の若手正社員を新しく蔵人として迎えた。

以前の杜氏制度には2つの問題が存在した。第1に、期間雇用の関係にあり、旭酒造の外部の人間である杜氏が他の酒蔵に移ると、技術が流出する可能性があるという点である。第2に杜氏や蔵人が技術情報を抱え込みがちで、社内に共有されないという点である。しかし、杜氏制度を廃止したことで、旭酒造はこの問題が解消されたと言えるだろう。

図3-2-12　　　成長期のフレームワーク

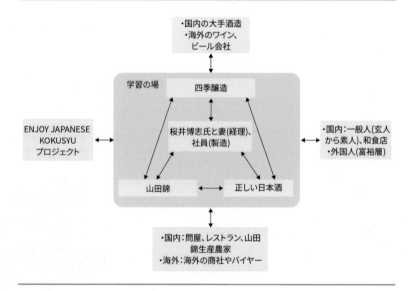

出典：筆者作成

　また、杜氏制度の廃止にあわせて、旭酒造は製造工程のマニュアル化や醸造システムの単純化に取り組んだ。これによって、若い社員でも専門性の高い技術を短時間で習得出来るようになり、社員同士のコミュニケーションによっ

て新たなアイデアが芽生えやすい環境ができていった。

　地域社会やコミュニティとの関係について、博志氏に聞いたことがある。

　「地域社会に対する最大の貢献とはなにか？というと、それは地域住民を雇用することであると思います。行政との産学連携や農家とのコラボレーションを強調する企業もありますが、地域に対する最大の貢献は雇用を創出し、農業を助けるためにお米を購入することです。実際、全国の米生産量の1/700は弊社が購入しております。また、企業の収益が増えると、当然法人税をたくさん収めることになります。企業は本来の企業活動でもって地域貢献や社会貢献を国への貢献を行うべきであります。[17]」

　旭酒造はさらなるシステム化を図るため、徹底的なデータ管理を実施している。その代表的な施設が検査室である。酒造りの全過程で詳細なデータを取り、検査室のパソコンに蓄積して分析することで、酒造りの最適解を見つけ出した。さらに　富士通研究所と共同で、日本酒造りを支援するAI予測モデルを用いて、旭酒造が製造・販売する日本酒「獺祭」の醸造を行う実証実験を実施した。以上の取り組みを通じて、社員の誰でも同じ品質の日本酒を作ることが出来るようにしたのである。　皮肉にも、地ビールでの失敗がこれまでの日本酒造りのあり方を徹底的に見直すきっかけとなり、今の体制を生み出したのである。

図3-2-13 杜氏制度の廃止

出典 : Illustration by Joon Moon M. D.

　知識経営の創始者である野中によると、形式知と暗黙知というものが存在する。例えば、設備投資やマニュアル化などで知識の伝達が容易であり、比較的短期間で知識が人から人へ、組織から組織へ移転するのが形式知である。しかし、暗黙知は長年その組織や集団に所属し、経験を積み重ねなければ身につかない。日本では技術は盗むものであるといわれてきた。これは技術を本当に窃盗するという意味ではない。はっきりとしたマニュアルはないが、師匠や先輩の動きを目で見て、体で感じて、自分で真似してみて、改善を繰り返すことで匠の技が身につくようになるという考え方である。

しかし、このような美談も大きな組織を運営していくためには、あるいは企業を急速に成長させていくためには妨げになる場合がある。酒造りも一緒かもしれない。杜氏制度は酒造りを専門家に任せる、「安心できて、変わらない味を担保する」ための1つの方法ではあるが、別の見方をすれば、あまり特徴がなく、新しい挑戦もしない日本酒造りに甘んじる経営スタイルであるともいえる。旭酒造にとって、季節労働者的な存在で様々な組織を行き渡りながら活動する杜氏制度の撤廃は、最初は大きなチャレンジだったかもしれないが、組織が大きく成長するきっかけになった。

　成長期におけるもうひとつの大きな変化が、四季醸造の導入である。四季醸造とは、徹底した空調設備や温度管理（摂氏5℃）などのテクノロジーにより、1年中日本酒を造り続けることが可能なシステムのことである。この四季醸造は獺祭がおいしい理由の1つである。

　酒の味は繊細で、気象条件や酒米の状態などによって味が変わってしまう。しかし、気象条件を理由に冬場にしか醸造できないとなると、試行錯誤して最高品質の日本酒を造るチャンスをみすみす逃してしまうことになりかねない。その点、四季醸造であればオールシーズンで酒造りが可能であるため、反省点を活かし、すぐに次の仕込みに取り掛かることが出来る。さらに、冬場だけに醸造する場合に比べ、酒を造る回数が増えるため社員が早くスキルアップ出来るといったメリットもある。

図3-2-14	四季醸造

出典：旭酒造株式会社提供

　また、四季醸造の導入によって、個々の酒にとって最適なタイミングで瓶に詰め熱殺菌し、最適な成熟度で冷蔵庫に保管が出来るようになったことで、「獺祭」の品質を安定させることが出来るようになった。夏場の生産は冬場に比べて苦労も多いが、優秀な製造担当者を正社員として年間で雇用できる、設備の稼働率を飛躍的に向上させ原価率を下げることが出来るといったメリットもあった。その後、「上槽」という工程に遠心分離機を導入した。導入初期は試行錯誤の連続で、安定的に稼働するまで時間がかかったが、遠心分離機を使うことで獺祭の持つ香りを最大限引き立てることが出来るようになった。

　しかし、全ての工程で機械化をしているわけではない。例えば、機械化することで製品の味が落ちるならば、やり方を見直し、あえて伝統的な手作業にこだわっている工程もある。製造を担当する部門には「費用対効果」を考えないこと、特に質に関わる部分については妥協しないようにすることが徹底的に教育されている。

以上で述べてきたような、製造も含めた会社が一体となった経営チームの構成と、酒造りのマニュアル化、それに伴う機械化と手作業の仕分けによって、効率的な酒造りが定着しているのである。現在は4代目の桜井一宏氏を中心として、「次世代チーム獺祭」作りを進めている。

　また、同社では山田錦の年間生産量の約3割にあたる17万6,000俵を使っているが、これからも高品質な酒米を安定的に確保するため、山口県内に留まらず、全国各地の農家を支援し、品質の良い山田錦を取り寄せている。その一環として、2019年から山田錦の品質コンテストを実施している。その他に、富士通研究所と連携して、ドローンやAIといった最新技術を活用して、山田錦の栽培に利用する研究も行っている。

　一方、精米については自社で行っている。「磨き二割三分」にする同社独自の技術をコア資源として確保し、さらなる技術改善を行うことが目的である。その結果、2012年には精米歩合を21%、2013年には19%まで磨けるようになった。

　東京を中心に市場拡大を狙った旭酒造は、東京の問屋及び地酒の店舗を中心に営業活動を始めた。最初は旭富士という既存の商品名で進出したが、東京の取引先からその商品名だとあまり印象に残らないと指摘された。そこで、製品名を「獺祭」に変更し、ラベルのデザインも山口県出身の書家である山本一遊にお願いして、インパクトのあるものに一新した。また、獺祭をお酒としてだけではなく、ワインのように料理の材料としても使ってもらえるようにするため、高級和食店やレストランのシェフにも積極的にPR活動を行った。

図3-2-15 　作業員による作業のマニュアル化

出典：Illustration by Joon Moon M. D.

　東京を中心に営業活動を行ったのは、自社製品に自信が
あったこともあるが、東京という大きな市場の性質を鑑み
て判断されたものでもあった。地方の市場に比べて市場規
模の大きい東京では、伝統的な酒蔵の影響力が弱く、単純
に味で判断される競争環境だったのである。その一方、他
の地方都市への供給網に関しては、2016 年に獺祭ストア博
多を開店した他、オンライン販売を強化して対応している。

　流通面では、取引先を獺祭の魅力を分かってくれるとこ
ろにしか販売をしていない戦略をとった。スーパーやコン
ビニなどの小売店は、商品を頻繁に入れ替えることが重要
であるため、旭酒造が追求するブランド価値とは合わない。

また、旭酒造は、ブランド価値の源泉を「稀少性」ではなく、「品質の高さ」だと考えている。そのため、冷蔵庫で温度管理をして保存するなど、品質を維持するための条件を満たしている取引先にしか流通しない戦略を取っている。

　旭酒造は、2013年5月に「獺祭 Bar23」をオープンした。その理由は2つある。第1に、飲食業界が安いお酒の方に流れやすいことに危機感を感じたからである。コストパフォーマンスを重視するのがトレンドになった飲食業界にとって、高い日本酒よりも、安くてよく売れるチリやオーストリアのワインの方を備えている場合が多かったのである。第2に、日本酒のポジションがワインの下に位置すると見なされていたからである。博志氏は東京、京都の和食店で酒類ページを見ていた際にワインの種類は多いが、日本酒は最後のページの一部に載っているだけであることに気づいた。実際、ワインは取り扱っていても、日本酒を取り扱っている飲食店は少ないのが現状である。

　以上のような日本酒業界を取り巻く現状を踏まえて、博志氏は多少値段が高くても「正しい日本酒」を嗜む機会を提供することで、価格以上の価値があったという満足感を与えようとしたのである。ここで言う「正しい日本酒」とは、いつどこで飲んでも同じ味で、量より質にこだわるお酒のことを意味する。それを目的としてオープンしたのが獺祭 Bar23 である。

図3-2-16	旭酒造の海外進出

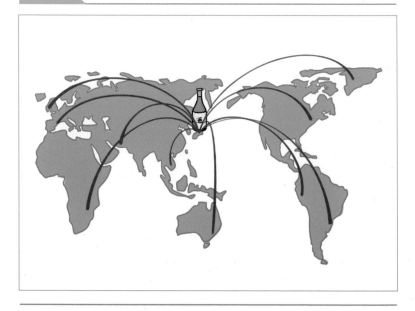

出典：Illustration by Joon Moon M. D.

　旭酒造は国内の市場拡大に取り組むと同時に、海外進出
も積極的に進めている。その中心は 2016 年に 4 代目に就任
した桜井一宏氏である。2005 年に入社した一宏氏は、入社
直後、アメリカのニューヨーク市場の開拓を命じられた。
博志氏は社長になった際に周りに経営や酒蔵の運営をサポー
トしてくれる人がいなかったが、だからこそ既存の常識か
ら 180 度転換させることができたと考えている。息子の一
宏氏には、「しかるのちに、分析して今の旭酒造の強みと弱
みを洗い出せ」、「今の旭酒造の持っている弱みや欠点を否
定し、そのうえで自分のやり方でやれ」、「先代と同じ仕事
のやり方でやれば、先代（つまり博志氏）の方が絶対うま

いから」と話したと語っている。博志氏は人も企業も味方がいて調子の良い時ではなく、敵に囲まれピンチのときにこそ成長するのだという信念を持っている。一宏氏に体一つで海外開拓を命じたのも、そういった先代の博志氏の経験から来るものだったのである。

　一宏氏に旭酒造に入社する前に外部の企業で働いていた時のことについて話を伺った。

　「私が入社前働いていたのは、社員数が約800人の会社で比較的規模の大きな会社でした。当時、旭酒造は社員10人前後の組織だったので、その規模が明らかに違いました。そもそも事業を継ぐということは、その仕事が好きでないとできない。（外部で働いた経験は）外から組織を客観的に見る際に役に立つ場合があります。当時、勤務していた会社は大きな組織になり、大企業病に悩まされていた。企業の業績が良くなるにつれて現状に満足するようになり、危機感が全くなくなる。新しい挑戦もしなくなる。旭酒造にしても、関西地方や中国地方に酒造会社が多いのでその牙城を崩すよりいっそ、東京市場に進出し、お客様主導で業界のフロンティアになるのが早いと思っていた。」

　この時の経験から、一宏氏もいち早く海外進出し、日本酒業界のフロンティアになる必要があると感じていた。

　ニューヨーク市場を開拓する際には、ユダヤ人の認証であるKosherマークを取得した。旭酒造のターゲットがアメリカの富裕層であり、富裕層の多くがユダヤ人であったからである。2019年にはニューヨーク州で酒蔵の建設に着手している。

　また、2012年には内閣官房を中心に ENJOY　JAPANESE

KOKUSYUプロジェクトが発足し、世界各国に日本酒を宣伝して回った。しかし、海外を回っている中で日本酒の扱い方が間違っている場合が多いことに気づいた。

　そこで、最良の獺祭を味わってもらいたいという思いから、海外にも国内と同じく直営店をオープンさせた。2018年には、パリに子会社「Dassai France」を設立し、有名なシェフであるジョエル・ロブション氏と一緒に「ダッサイ・ジョエル・ロブション」というレストランをオープンした。これらの活動を通じて、より正しく、おいしい日本酒を海外の顧客に届けようとしているのである。

　一宏氏はニューヨーク進出や海外戦略について次のように語っている。

　「海外市場においては、ニューヨーク市場進出が大きかった。香港、台湾、ベトナム、韓国などの市場も無視できないが、アメリカ市場は非常に大きい。営業はディストリビューターを通じて行ったりダイレクトで行ったりするが、最初は英語もろくに話せなかったので苦労した。ただ、たどたどしい英語でも日本の酒蔵の息子が直接アメリカにわたり日本酒の魅力をアピールしたことは非常に説得性があった。また、世界金融の中心であるニューヨークで認められたことがうねりとなり、獺祭ブランドは全世界に広まることになる。One of them になるよりわが社を選択してくれるお客さんを直接探し出したことが功を奏した。」

　旭酒造の「獺祭」というブランドは、何もないところからいきなり生まれた訳ではなかった。業界の常識であった杜氏制度の見直し、製造工程のマニュアル化、特定地域への集中的なPR活動、積極的な海外進出といった日々の挑戦の積み重ねがあったからこそ生まれたアウトプット（成果）だったのである。その源泉となったのは、破壊的イノベーションと持続的イノベーションの実行、自社能力に関する客観的な認識の保有、資源の選択と集中であった。

図3-2-17　各フェーズによる主な展開

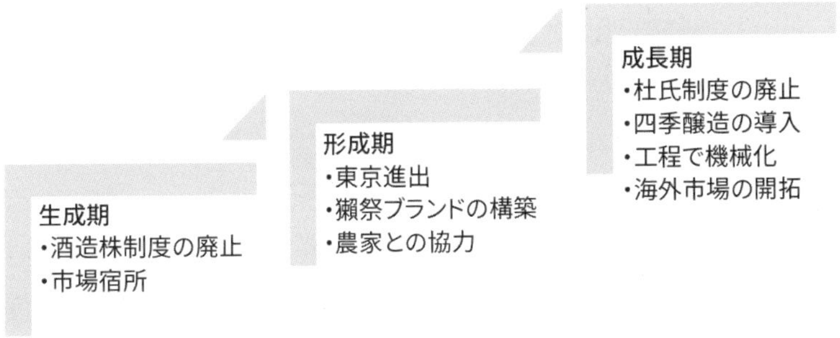

成長期
・杜氏制度の廃止
・四季醸造の導入
・工程で機械化
・海外市場の開拓

形成期
・東京進出
・獺祭ブランドの構築
・農家との協力

生成期
・酒造株制度の廃止
・市場宿所

出典：筆者作成

　酒造りの技術の多くは暗黙知になっており、長年その組織や集団に所属し、経験を積み重ねなければ身につかないものであった。その点、3代目の博志氏は就任当時酒造りについては素人であったが、だからこそ杜氏制度の廃止という破壊的イノベーションを起こすことが出来たのだと考

えられる。素人だからこそ、杜氏制度の短所を把握し、それを改善するための策としてマニュアル化と機械化を進められたし、大企業ではできない大吟醸酒の製造に全社的な力を入れることが出来た。その結果、暗黙知であった酒造りの技術が形式知になり、データの数値管理をすることで、若手社員でも高品質で安定した品質のお酒を造ることが出来るようになった。

　また、四季醸造の導入は工場の稼働率向上と社員の安定的な雇用につながっているし、山田錦の普及活動と農家との技術共有は外部とのつながりを生み出し、多くのファミリー企業が抱える「情報の固定化」問題の解決に役立っている。

　事業継承については、4代目の一宏氏の就任と、製造工程のマニュアル化やそれを活用した社内教育の実施が、安定的な組織運営の礎となっている。

　2020年2月頃から流行した新型コロナウイルスにより、国内はもとより世界の日本酒市場も振るわなかった。旭酒造の国内販売は前年比約6割程度、輸出は約4割程度まで下がり、免税店での売り上げも99%減ってほぼ全滅の状態である。この危機を乗り越えるため、生産量を減らし従業員数も一時帰休の形で減らしている。そういった中でも、未来に向けた備えとして、若手社員の教育は続けている。

　同社は酒造りの副産物を利用した商品の多角化に取り組んでおり、山田錦の食用での販売、消毒用エタノールの発売などを通じて、利害関係者と共にコロナを乗り越えようとしている。

コロナが流行し始める前までは、獺祭ブランドは主に業務用、営業用が中心だった。複数人で集まって一緒にお酒を飲むときは、比較的高いお酒でも売れる傾向があった。当時イオンやセブンイレブンなどの一般スーパーやコンビニで同社のお酒を購入するのは難しかった。しかし、家飲みが増えた昨今、高級酒の国内販売は縮小しつつある。オンライン乾杯や飲み会をするときに高いお酒をわざわざ用意する必要がないからである。

　日本酒の世界市場での売り上げは着実に伸びてきている。国内市場でパイロット的に生産・販売していたものを海外マーケットに展開することも多い。ここからも、国内市場と海外市場が密接に関係していることが分かるだろう。米中会談や日米会談などの世界経済、安保問題に関わる問題と密接に関係し、影響を受けるのがこのような輸出産業なのである。

Endnotes

1   国税庁ホームページ「『清酒の製法品質表示基準』の概要」
    (http://www. nta. go. jp/shiraberu/senmonjoho/sake/hyoji/
    seishu/gaiyo/02. htm；2020年10月1日アクセス）。

2   酒のしおり平成24年3月 (https://www. nta. go. jp/taxes/sake/
    shiori-gaikyo/shiori/2012/index. htm；2020年10月1日）。

3   国税庁ホームページ「『清酒の製法品質表示基準』の概要」
    (http://www. nta. go. jp/shiraberu/senmonjoho/sake/hyoji/
    seishu/gaiyo/02. htm；2020年10月1日アクセス）。

4   国税庁課税部酒税課（2012）p. 35。

5   国税庁課税部酒税課（2005）p. 2。

6   国税庁課税部酒税課（2005）p. 41。

7   財務省貿易統計(https://www. customs. go. jp/toukei/info/；
    2020年9月25日アクセス）。

8   長岡（2011）p. 61。

9   一般社団法人日本貿易会ホームページ「『JOY JAPANESE
    KOKUSHU』プロジェクト」（http://www. jftc. or. jp/research/
    pdf/2012/201207_2. pdf；2019年5月12日アクセス）。

10 桜井博志氏、桜井一宏氏へのインタビューより（2021年4月26
    日実施）。

11 逆境経営(2014) p. 3。

12 桜井博志氏、桜井一宏氏へのインタビューより（2021年4月26
    日実施）。

13 桜井博志氏、桜井一宏氏へのインタビューより（2021年4月26日実施）。

14 逆境経営（2014）p. 21。

15 桜井博志氏、桜井一宏氏へのインタビューより（2021年4月26日実施）。

16 逆境経営（2014）p. 60。

17 桜井博志氏、桜井一宏氏へのインタビューより（2021年4月26日実施）。

索引

■ 執筆者紹介

金泰旭（キム・テウク）

近畿大学経営学部教授、博士（経営学/北海道大学）。韓国ソウル出身。韓国ソウル延世（Yonsei）大学卒業。北海道大学大学院経済学研究科修了（経営学修士・博士）。専攻は国際経営論、経営戦略論、ベンチャー企業論。

主な著書

『地域ファミリー企業におけるビジネスシステムの形成と発展』（共編著・白桃書房）
『社会企業家を中心とした観光・地域ブランディング―地域イノベーションの創出に向けて』（共編著・博英社）
『大学発ベンチャーの日韓比較』（共著・中央経済社）
『グローバル環境における地域企業の経営―ビジネスモデルの形成と発展』（共編著・文真堂）
『研究開発中心型強小企業のイノベーションプロセス―日韓4社の比較事例分析』（単著・中央経済社）

論文

「韓国ベンチャー企業の特性と成長」共著、龍谷大学経営学論集第53巻第1号、pp.1-15
「ハイテックスタートアップス（HS）支援の現状と課題―韓国のHS支援政策と若干の事例紹介―」、北海道大学経済学研究第61巻第4号、pp.97-130
「市民企業家による資金獲得のプロセス分析―アートプロジェクトにおける企業家活動」、ベンチャーズレビュー Vol.17、pp.43-52
等

日本と韓国の地域ファミリー企業のマネジメント比較
－創業から成長、第二の創業まで－（上）

初版発行　2021年9月30日
重版発行　2022年12月20日

著　　者　金 泰旭

発 行 人　中嶋 啓太

発 行 所　博英社
　　　　　〒 370-0006 群馬県 高崎市 間屋町 4-5-9 SKYMAX-WEST
　　　　　TEL 027-381-8453 / FAX 027-381-8457
　　　　　E・MAIL hakueisha@hakueishabook.com
　　　　　HOMEPAGE www.hakueishabook.com

ISBN　　　978-4-910132-14-3

© 金 泰旭, 2021, Printed in Korea by Hakuei Publishing Company.

＊乱丁·落丁本は、送料小社負担にてお取替えいたします。
＊本書の全部または一部を無断で複写複製(コピー)することは、著作権法上での例外を除き、
　禁じられています。

定　　価　2,860円 (本体2,600円 + 税10%)